思考世界的少年

和孩子聊聊时事

张薇薇◎著

中国妇女出版社

图书在版编目（CIP）数据

和孩子聊聊时事 / 张薇薇著. -- 北京 ：中国妇女出版社，2023.2（2023.4重印）
（思考世界的少年）
ISBN 978-7-5127-2183-8

Ⅰ.①和… Ⅱ.①张… Ⅲ.①时事评论－世界－青少年读物 Ⅳ.①D5-49

中国版本图书馆CIP数据核字（2022）第187293号

选题策划：赵　曼
责任编辑：赵　曼
插　　画：谢　意
封面设计：末末美书
责任印制：李志国

出版发行：中国妇女出版社
地　　址：北京市东城区史家胡同甲24号　　邮政编码：100010
电　　话：（010）65133160（发行部）　　65133161（邮购）
网　　址：www.womenbooks.cn
邮　　箱：zgfncbs@womenbooks.cn
法律顾问：北京市道可特律师事务所
经　　销：各地新华书店
印　　刷：三河市祥达印刷包装有限公司

开　　本：150mm×215mm　1/16
印　　张：12.25
字　　数：100千字
版　　次：2023年2月第1版　　2023年4月第2次印刷
定　　价：58.00元

序言

2018 年，港珠澳大桥通车。我家老大当时 4 岁多，听我和他爸爸聊起这座揽获太多“世界之最”的跨海大桥时，非常好奇。于是，我用他能懂的大白话，详细描述了港珠澳大桥的过人之处，还找来视频，一起看了大桥合龙及相关的科普知识。接着我们一起看地图，探讨了修建大桥的意义。娃虽然一知半解，但兴趣盎然。

从那以后，我会主动留心各类新闻信息，一有合适的就讲给他听。而孩子的反应和思考也常常会让我惊喜。现在，哥哥快 9 岁了，弟弟 5 岁，聊新闻已成为我们家经常做的事。他们的知识储备和思考力在一次次沟通中慢慢积累，眼界也逐步拓宽。

从 2020 年起，我开始在公众号上不定期地给孩子们讲新闻。有合适的新闻事件，我会第一时间录讲解音频，从现象到本质地梳理新闻事件所涵盖的方方面面，进行深刻的分析和思辨引导，以带给孩子一定的启发。无数孩子通过我的讲解看到了社会的不同面，了解国家、了解世界的同时不断思考。

这套书从策划伊始，目标就很明确——选取合适的事件、现象或知识点，帮助孩子了解世界、思考世界。

孩子天生对万事万物感到好奇，而成年人要做的，就是让他们知其然，也知其所以然。

为什么总能听到“两个一百年”的说法？具体指的是什么？与我们有什么关系？

为什么我们国家要实行“双减”政策？

《民法典》的颁布意味着什么？

为什么北京要举办两次奥运会？

为什么中国空间站万众瞩目？

为什么西双版纳的大象要“离家出走”？

大家都在说的“双碳”到底是什么？

互联网医疗是怎样帮助我们的？

为什么中国是世界上最大的无现金支付国家？

为什么中国气象站要架设到珠穆朗玛峰上？

中国航天员在天上要做哪些工作？

……

诸如此类的话题，我都甄选到这套书中，并一条条给孩子细细拆解。为了确保信息的可靠度和严谨性，无论新闻来源，还是相关知识点，均来自人民网、新华网、光明网、央视网、澎湃新闻等权威媒体，以及中国教育新闻网、工信部等政府相关部门网站。

从时事政治到全球经济，从生态保护到社会生活、科技发展，这套书从 5 个角度，一共选取 50 个新闻事件分析解读，可以帮助孩子更深层次地认知世界，看到社会运转的关联性及本质。让孩子清楚地知道当下发生的事，明白自己身处于怎样的世界，个人的行为对社会有什么影响，日新月异的科技将为我们带来哪些改变……

写作这套书，是为了帮助孩子更好地思考。当今社会充斥着各种各样的信息，而孩子天性好奇而敏锐，迟早会陆续接触到各种小道消息和八卦新闻，可能会在纷杂的信息中迷失方向。而从小接触新闻解读的孩子，会拥有更高级的精神世界和更独立的思考力。随着成长，他们逐渐学会明辨是非，不被谣言蛊惑，也会更好地认知世界、认知自我。

另外，读新闻、分析新闻、积累新闻素材的必要性，也体现在历年的中考、高考里。

一些新闻事件背后有深远含义，也涵盖了大量知识。这些内容会大大充盈孩子的写作素材库。积攒的东西多了，写作文时才能随取随用。如果仅仅积累而不思考的话，就会流于表面，无法自如运用。

很多人觉得，孩子太小，听不懂新闻。所以，选取合适的话题，用孩子能理解的大白话，把看似高深的知识讲清楚，非常考验大人的功力。为了让孩子理解透彻和有效思考，我录制了配套的音频课。孩子可以在阅读时同步听讲解，也可以在碎片时间直接听音频。

希望无论是孩子还是大人，都能在思考中前进。

张薇薇

阅读指导

在信息化时代，我们应该怎样读新闻

在当下这个信息爆炸的时代，每个人随时随地都能刷到各种消息，但并不是所有的消息都是真实的。我们经常在听到一则消息后不久，就会听到相关的辟谣；新闻事件也总会发生接二连三的反转。面对汹涌而来的信息，怎样独立思考、辨别真假，是生活在网络信息时代的我们必备的一项能力。

我们该怎样擦亮双眼，识别假新闻？

假新闻产生的原因

有的孩子可能会问，为什么有人会编造假新闻？这对他们有什么好处呢？编造假新闻的原因其实有很多。

比如，很多人编造假新闻，只是想获得更多人的关注，吸引更多“粉丝”，从而满足自己的虚荣心。

还有些人这么做是为了赚钱。因为假新闻往往会博人眼球，引起很多人的点击与关注。

如何识别假新闻

首先，要警惕“标题党”！所谓“标题党”，就是文章标题和内容不符或者偷换概念。“标题党”为博读者的眼球不惜歪曲事实，想尽办法取一些夸张、惊悚的标题，比如：“震惊！不知道这些你会后悔终生！”这么做就是为了引起你的好奇心，让你忍不住点进去一看究竟。但是，真正的新闻标题应该传递事实本身，而不只是为了博人眼球。

其次，一定要看它的信息来源。问问自己：这则新闻的来源是哪里？是谁发布了这则新闻？如今处于网络时代，所有人都可以发声，如果别人说什么你就信什么，那就大错特错了。

即使是有来源的信息，信源的可靠程度也不一样。一般来说，主流权威媒体的可信度要高于自媒体。

在我国，主流权威媒体包括中央级别的媒体，如新华社、人民日报社。地方媒体，如《北京青年报》、澎湃新闻、《南方都市报》等。这些权威媒体发布的消息相对来说更准确，因为权威媒体有一套明确的新闻操作规范，从记者采访到校对审核、总编签发，这套流程能最大程度避免假新闻。

当我们对一则新闻产生疑问时，不妨交叉验证一下，去找找是否还有其他媒体报道了这件事情？有没有更权威的消息来源？

比如，为了求证“新冠病毒能治疗癌症”的说法是否属实，我们可以搜索关键词“新冠病毒”“癌症”，会发现网上有大量相关文章，其中一篇文章的标题是《新冠病毒“治愈”癌症：这不是医学奇迹，也不值得推广》。读了这篇文章后你就会知道，目前学者对肿瘤消退的原因只是进行了猜测，并没有实验和数据证明新冠病毒真的能杀死癌细胞。

这篇文章的特约作者是第三军医大学的一名硕士，并且由北京大学基础医学院的一名博士后审稿。文章还列举了文中事实数据的参考文献和来源，以及发布平台的编辑、校对人员名单。所以，相比一些没有事实根据的文章，这样的文章更可信。

再次，要学会区分观点与事实。事实是通过证据可以证明的事情或概念，而观点是某人对某事的想法或感觉。

比如“香蕉是黄色的”，这是客观存在的事实；而“香蕉很好吃”，就是带有个人偏好的观点。

最后，要知道“眼见不一定为实”。现在，网上的很多图片都是经过图片编辑软件处理的。不仅图片如此，视频也能造假。

希望读者读完这套书后会有一些转变：看到一则新闻的时候，不会轻易相信并随手转发，而是思考一下，这则新闻是谁发布的，是否可信，逻辑上有没有问题，我要不要去复核一下。始终带着独立思考和质疑精神，全面分析，不断章取义。如果能做到以上几点，那么恭喜你！你已经在鉴别假新闻的道路上迈出了重要的第一步。

THINKING

目录

- 奋斗目标
- 共同富裕
- 中国式现代化

THINKING

宏伟的奋斗目标

"两个一百年"指什么?

2012年，党的十八大提出“两个一百年”的奋斗目标，提出要实现中华民族伟大复兴的中国梦。这是全党全国各族人民共同为之奋斗的目标。而在这之后，党和国家领导人习近平总书记也多次在公开讲话和文章中提到“两个一百年”，并再三强调。

那“两个一百年”到底是什么呢？为什么如此重要？为什么国家要提出这样的目标呢？它的背后还有

什么更深层次的内涵吗？对我们每个人来说，又有什么意义？看完这篇文章，你会对中国共产党和“两个一百年”有更加清晰和深刻的了解。

什么是“两个一百年”

“两个一百年”，并不是一百周年的纪念日，而是我们国家发展的百年规划奋斗目标。

如同我们每个人在成长过程中，会有学习计划、工作计划一样，国家也有自己的战略安排和发展规划。对于中国未来的发展规划，习近平总书记在党的二十大上提出：“从现在起，中国共产党的中心任务就是团结带领全国各族人民全面建成社会主义现代化强国、实现第二个百年奋斗目标，以中国式现代化全面推进中华民族伟大复兴。”

过去的十年里，我们团结一致，在中国共产党成立一百年时，顺利完成了第一个百年目标——全面建成小康社会。而第二个百年目标，则是以中国式现代化全面推进中华民族伟大复兴。

什么是“社会主义现代化强国”呢？“社会主义”是中国的制度，“现代化国家”是以现代化指标

“两个一百年”

2012年，党的十八大描绘了全面建成小康社会、加快推进社会主义现代化的宏伟蓝图，向中国人民发出了向实现“两个一百年”奋斗目标进军的时代号召。“两个一百年”自此成为一个固定关键词，成为全国各族人民共同的奋斗目标。

第一个一百年，是到中国共产党成立100年时全面建成小康社会。

第二个一百年，是到新中国成立100年时建成富强民主文明和谐美丽的社会主义现代化强国，实现中华民族伟大复兴。

为参照依据来衡量的。中国目前还处于“发展中国家”的状态，正向着现代化强国而努力！中国式现代化就是指引我们前进的方向。

我们都知道，中国的情况和世界上任何一个国家都不一样，因此中国的发展方式也不能直接照搬别人，而是在坚持中国共产党领导、研究本国国情的基础上，借鉴其他国家的经验，形成自己的特色来发展。就好比你和你的伙伴们会有一些共同喜好，但也各有所长。每个人在成长过程中，都会找到最适合自己的方式。中国也一样，在自己的国情下，有自己的发展特色和道路，坚持走中国特色的社会主义，实现高质量发展，这就叫作中国式现代化。

习近平总书记在二十大报告中是这样描述“中国式现代化”的：中国式现代化是人口规模巨大的现代化，是全体人民共同富裕的现代化，是物质文明和精神文明相协调的现代化，是人与自然和谐共生的现代化，是走和平发展道路的现代化。

听起来是不是特别令人向往？全面建成社会主义现代化强国是一项伟大而艰巨的事业。未来充满希望和光明，但也存在艰辛的挑战，需要全国人民共同努力。

为什么要提出“两个一百年”奋斗目标

1949年新中国成立时，我们国家一穷二白，又因为选择了与西方资本主义不同的社会主义制度，而受到西方国家的敌视和打击。在最初几年，新中国是不被世界所承认的，不被允许加入联合国和国际经济贸易组织，绝大多数西方国家甚至拒绝和我们建立外交关系。

这意味着什么呢？不和其他国家交往，我们自己“玩”不行吗？你可千万别忘了清朝衰落的重要原因之一，就是“闭关锁国”的错误政策。将自己隔离在世界之外，就无法和其他国家进行贸易，无法获得其他国家的优质商品和更为关键的技术与思想，自然就会被远远抛下，进入越落后越跟不上、越跟不上越落后的恶性循环。

所以，在资源有限、任务困难的情况下，我们只能精打细算，提出发展目标，再一步步实现。1953年，国家实施了第一个五年计划，详细规划经济发展和资源分配。到第十一个五年时，“五年计划”改为“五年规划”。而有了“五年规划”这样的长期计划，还要有长期目标，那就是我们前面说的“两个一百年”。

“两个一百年”中提到的“小康社会”指什么呢？

“小康”这个词出自中国古代第一部诗歌总集《诗经》，里面写道：“民亦劳止，汔可小康。”就是说人民已经过得很辛苦了，也该得到安定的生活了。所以，“小康”就是安定生活的意思。

我们都知道，在中国共产党成立的1921年，我们国家还身陷水深火热之中，人民的生命随时都会受到威胁。所以，“第一个百年”的奋斗目标就是：在中国共产党成立100年时，让全中国都进入小康社会，让人们的生活更加殷实。

全面建成小康社会的目标达成之后，我们还有下一个目标，那就是在中华人民共和国成立100年时，以中国式现代化全面推进中华民族伟大复兴。

我们知道，中国是一个有着5000年灿烂文明史的大国。在历史上，中华民族曾熠熠生辉。春秋时期诸子百家的灿烂思想，盛唐时期海纳百川的包容精神，都让我们民族在当时具备引领世界的能力。如今，中国大力发展民族文化，自信而谦和，又接纳、尊重世界各国的文明成果，是一个有追求、有担当的国家。中华民族的复兴涵盖经济、思想文化、科学技术等多方面，是物质复兴，也是精神复兴，更是大国思维和大国胸怀的复兴 。

如何实现“两个一百年”奋斗目标

中国地大物博，960 多万平方公里土地上生活着 14 亿人民，由于各地区的地理位置、历史发展、经济水平等都不相同，造成了一定程度的贫富差距。

要想实现第一个百年奋斗目标，重点就是帮助经济条件相对落后的地区，让当地的人民群众生活稳定，衣食无忧。这也一直是我们国家的发展重点。面对帮扶对象，国家不仅仅给予经济上的支持，更支持教育，支持当地的长足发展。脱贫攻坚的目标不是表面上脱离贫困，而是实实在在地帮助当地人民改善生活条件。

在党的领导下，全国人民不断努力，脱贫攻坚目标终于得以实现。

2020 年 11 月，中国最后 9 个贫困县宣布脱贫。至此，中国 832 个贫困县实现全部脱贫。

2021 年 7 月 1 日，在天安门广场举行的庆祝中国共产党成立 100 周年大会上，习近平总书记代表党和人民庄严宣告：胜利实现了第一个百年奋斗目标，在中华大地上全面建成了小康社会，正在意气风发向着全面建成社会主义现代化强国的第二个百年奋斗目标迈进。

那第二个“一百年”，到中华人民共和国成立 100 年即 21 世纪中叶，建成社会主义现代化国家，能够实现吗？毕竟，中国在近代史上是一个险些被列强瓜分的半殖民地半封建国家，要达到发达国家的水平，需要多久？

2022年10月，在中国共产党第二十次全国代表大会上，习近平总书记的报告里提到我们的总体战略要分两步走：

第一步：从2020年到2035年，基本实现社会主义现代化。把原本提出的在21世纪中叶实现的基本现代化目标提前到2035年。

第二步：从2035年到本世纪中叶，也就是2050年前后，把我国建成富强民主文明和谐美丽的社会主义现代化强国。

随着中国的一步步发展，无论是国内的经济水平还是国际地位，都已经达到了前所未有的高度。正像习近平总书记所说的那样，现在的中国比历史上的任何时候都更接近中华民族伟大复兴的目标。

而我们的第二个“一百年”目标，也正在一步步变成现实。最直观地看，这点滴变化就体现在我们的生活中。越来越多的人接受高质量的教育、全民科学文化水平大大提升、物质丰富、商业蓬勃发展、科技创新水平提升，还体现在国家基础建设的发展，从深山到海洋，交通网络、公路大桥遍布村寨，精神文明和物质文明在同步丰盈！

在新中国刚刚成立的时候，没有哪一个国家会

想到中国能达到现在的高度。而现在，中国用实际行动告诉世人：我们一定能实现第二个“一百年”奋斗目标。

致少年

100 年对一个人来说很长，但对一个政党、一个国家来说很短，中国共产党和我们的国家还如此青春昂扬、风华正茂，而充满光明的未来已经在不远的前方。

我们生长在这个幸福的年代，有没有想过自己的奋斗目标是什么呢？对于我们的国家，又会有什么样的贡献和改变呢？

你可能会觉得自己一个人的力量很弱小，怎么能对一个有着 5000 年文明史、14 亿人口的国家产生影响呢？但请记住这样一句话：你所站立的地方，就是你的中国；你怎么样，中国便怎么样；你是什么，中国便是什么；你有光明，中国便不再黑暗。

我们的国家站在新时代新征程的起点上，到第二个百年目标实现之时，我国的经济实力、科技实力、综合国力都会大幅跃升，实现高水平科技自强自立，进入创新型国家前列，人民的生活水平也会大大提高。

而到了那个时候，你将是这个社会的中坚力量，是下一个时代的弄潮儿。未来中国的美好篇章，将由你和你的同龄人一起来书写。结合国家的奋斗目标和高质量发展任务，你可以想一想，自己需要拥有什么样的能力，才能与时俱进，甚至引领社会的发展。

因此，你现在每一天勤奋学习、博览群书、强身健体，了解国内外新闻并积极思考，早早树立远大的理想，都是在为自己的未来奠定足够坚实的基础，为未来的每一个选择做好铺垫。你的所有努力，都会成为自己未来的底气，成为中国未来的底气！

THINKING

想一想

畅想一下，到新中国成立100周年时，我们的国家和现在相比，又会发生哪些翻天覆地的变化呢？到时候你也正值风华正茂的奋斗之年，是社会的中坚力量，那时候你会从事什么样的工作，有哪些成就呢？

- 战略目标
- 精准扶贫
- 贫困县摘帽

THINKING

一项了不起的创举

为什么要举全国之力进行脱贫攻坚？

在前面的篇章里，我们提到了扶贫、脱贫。这一篇，我们就来具体聊一聊这个话题。

改革开放以来，我国创造了一个非常了不起，甚至在其他国家可以说是难以想象的成就，那就是帮助 7.7 亿农村贫困人口成功摆脱贫困（按照现行贫困标准计算）[①]。要知道，这是非常庞大的人口数量，甚至

---

① 数据来自《人类减贫的中国实践》白皮书。

比整个欧洲的人口数还多！（截止到2022年7月21日，欧洲近50个国家人口总数为746369788人。）

什么是贫困？我们每天生活在这个世界上，需要房屋、食物、衣服等生活必需品，没有这些必需品，我们就无法生存。而维持基本生存所必需的物品和服务的最低费用就叫作“贫困线”，收入低于“贫困线”的就属于绝对贫困。

作为拥有14亿人口的大国，中国曾经有不少贫困地区，也就是说，人民生活水平整体不高，甚至有些人连温饱都成问题。如果我们国家想有更好的发展，那就一定要先让大家的生活都好起来，老百姓起码能吃饱穿暖。

所以，扶贫、脱贫一直是我们国家发展的战略目标。

延伸阅读

中国的脱贫攻坚之路

1949 年中华人民共和国成立以后，中国的减贫工作随着经济社会的发展而发展，大致可以分为三个阶段。

第一阶段是 1949 年至 1978 年。这段时期主要是通过建立社会主义公有制解放生产力和建立救济制度来减贫。比如：在全国范围内开展了土地改革，让 3 亿多无地或少地的农民分到了土地，延续 2000 多年的封建土地制度被废除；大兴农田水利建设，促进农业生产发展等。

第二阶段是 1978 年至 2012 年。这段时期主要是通过改革促进发展和实施专项计划来减贫。中国改革开放的总设计师邓小平同志有两句名言，“贫穷不是社会主义”及“社会主义要消灭贫穷”。

第三阶段是2012年至2020年。这是中国的精准扶贫阶段。党的十八大以来，习近平总书记强调，“人民对美好生活的向往，就是我们的奋斗目标”，“小康不小康，关键看老乡，关键在贫困的老乡能不能脱贫”，“全面建成小康社会，一个也不能少；共同富裕路上，一个也不能掉队”。

1949年以来，全国人民在党的领导下不断努力，到2015年，我国的贫困人口已经大幅减少，但余下的贫困人口都居住在自然条件恶劣的地方，脱贫工作极其困难。所以，在2015年年底，我国就下了决心，要集中力量，帮助最后也是最难的贫困人口脱离贫困，过上好日子。

2015 年 11 月 23 日，中共中央政治局召开会议，审议通过《关于打赢脱贫攻坚战的决定》，中国的扶贫、脱贫事业进入攻坚阶段。攻坚，就是攻克最艰难的部分，是解决一项任务中最难的问题。

2020 年 11 月 23 日，贵州省宣布所有贫困县摘帽出列。至此，中国 832 个国家级贫困县全部脱贫摘帽。2021 年 2 月 25 日，全国脱贫攻坚总结表彰大会在北京举行，习近平总书记庄严宣告：我国脱贫攻坚战取得了全面胜利。

中国脱贫攻坚事业的成就

单凭几句话，你可能感觉不到脱贫这项事业有多伟大。那我们可以同过去的中国、和当代的其他国家做一个对比。

新中国刚刚成立的时候，满是经历了百年摧残后留下的疮痍，连穿衣吃饭问题都没解决的中国人，更不敢去想象能接受合适的教育，享受先进科技带来的便利。

事实上，一直到2014年年底，中国仍有7000多万农村贫困人口。你可能很难想象，在我们已经人手一部手机、一台电脑的时候，中国还有很多与我们同龄的孩子被迫辍学，小小年纪就跟着长辈们打工、做农活，甚至连一部二手手机都没有。

再看看其他国家的情况：美国目前是世界第一大国，人均GDP最高，那美国的贫困人口是多少呢？根据美国人口普查局公布的数据，2020年美国贫困人口高达4620万，占美国全部人口的11.4%！也就是说，在2020年的美国，约每10个人中就有1个人吃不起当天的晚餐。

离我们很近的，也一直被视为发达国家代表的日本呢？根据 2020 年日本政府公布的统计数据，日本贫困人口多达 2000 万，占总人口的 16%。而这个时候，中国的贫困人口占比已经接近零。

精准扶贫

2013 年 11 月，在湖南省花垣县十八洞村，习近平总书记首次提出“精准扶贫”重要理念，作出“实事求是、因地制宜、分类指导、精准扶贫”重要指示。2015 年，在中央扶贫开发工作会议上，习近平总书记提出实现脱贫攻坚目标的总体要求，实行扶持对象、项目安排、资金使用、措施到户、因村派人、脱贫成效“六个精准”。

精准扶贫方略，是中国打赢脱贫攻坚战的制胜法宝，是实践的重大创新。

脱贫攻坚，需要做什么

这个数据对比是不是很让人意外？从这个角度来看，中国人的生活保障水平比美国、日本这些传统强国还要高！这都是中国脱贫、减贫事业的成就。

为什么中国与其他国家的减贫情况会出现这么大的差异呢？可能有同学知道，我们是社会主义国家，一直追求的是共同发展、共同富裕。所以政府一直在实施相关政策帮助不富裕地区的人脱贫。

那既然政府可以帮助人们脱贫，为什么其他国家政府不这么做呢？

答案非常简单，就是因为太难做到了。帮助人们脱离贫困，需要资金、资源、人才等要素的支持。在任何一个国家，这些资源都是有限的，将它们用在扶贫事业上，用于其他事业的资源就会减少。

就像我们的家庭生活中，如果这个月出去旅游的次数比较多，很多钱和时间花在了旅游上，那用在购物上的钱就会减少，可能有一些你非常想要的玩具、电子产品就暂时不能购买。所以，在中国这么一个拥有 14 亿人口的大国中，举全国之力脱贫攻坚的决定是非常重大的，需要其他各个方面都做出让步，并配合实现脱贫目标。

而且扶贫事业中还可能出现脱贫之后又返贫的情况。人们在政府资金的帮助下可以暂时脱离贫困线，可自己本身没有获得足够支撑生活的能力，一旦政府给予的资金变少，就重新回到贫困的状态。

这种情况一方面可能源于各种意外，比如：家中有人生病，需要支付巨额医疗费；山区房屋质量差，在狂风暴雨等极端天气、山体滑坡等自然灾害中容易坍塌；等等。另一方面，由于只解决了表面短期的贫困现象，扶贫脱贫对象并没有一技之长或相应工作来维持生活，所以无法持续获得经济收入。

这些都是可能导致脱贫后又返贫的问题，都是扶贫中需要注意并解决的。同学们也可以试着代入决策者的角色，如果让你来做扶贫工作，你会怎么做呢？

所以，真正的扶贫工作绝不是简单的拨款给贫困户而已。在中国，扶贫、减贫事业的重点是，教会贫困人口生存的技能，比如，学会更先进的农业生产方

式、购入更好的机械帮助生产、保障贫困地区儿童的上学权利，等等。这样，即使没有别人的帮助，他们也能保障自己的生活。

中国的扶贫标准有一个“一二三”的说法：

“一”就是一个收入，让被扶贫对象的收入高于贫困线；“二”是两不愁，就是不愁吃、不愁穿；“三”是三保障，分别是义务教育有保障、基本医疗有保障、住房安全有保障。除此之外，还有很多细节问题，比如饮水安全、网络使用、新能源普及，等等。

伟大成就背后的付出与牺牲

脱贫攻坚施行起来是极其困难的，但从 2015 年 11 月 23 日中共中央政治局审议通过《关于打赢脱贫攻坚战的决定》，到 2021 年 2 月 25 日，全国脱贫攻坚总结表彰大会上习近平总书记庄严宣告“我国脱贫攻坚战取得了全面胜利”，我们只用了 5 年多的时间。

对此，你在感慨的同时，有没有想过在这巨大成就的背后，扶贫工作人员都付出了什么呢？

除资金、资源外，他们当中有些人甚至付出了生命的代价。由于大多贫困地区自然环境恶劣、交通不便，扶贫工作人员每一次考察、每一次跟进，都有可能面临不测。贫困地区生活水平低，加上极其繁重的工作，他们还面临着营养不良、贫血、过度劳累等困境。截至 2020 年年底，1800 余人牺牲在脱贫攻坚一线。

你也可以设身处地地设想一下，如果你通过十多年的努力考入了非常优秀的大学，选了非常有前景的专业，取得了学位之后，你可以留在繁华热闹的大城市做一份高薪工作，你会选择放弃这份工作，去一个非常贫困的地方，和那里的人们同吃同住，甚至冒着生命危险帮助他们过上好日子吗？这样想一想，我们就更能理解那些战斗在脱贫攻坚一线人员的伟大。

他们或许是风华正茂的年轻人，或许是经验丰富的管理人才，但无论年龄、工作、性别，他们都做出了相同的选择，将自己的生命奉献给了脱贫攻坚事业，奉献给了祖国的建设和发展。

为什么要举全国之力完成脱贫攻坚

可能你会问：付出的代价这么大，为什么一定要进行脱贫攻坚工作呢？像美国、日本那样不行吗？美国、日本贫困人口那么多，好像也没有什么影响呀！

脱贫攻坚，体现了中国共产党的宗旨：为人民服务，人民的利益高于一切。

无论是脱贫还是发展，根本都是为了提升人民的生活水平和生活质量，让大家生活越来越好。让贫困人口和贫困地区同全国一道进入小康社会，是我们党的庄严承诺，也是国家建设和发展的目标。

共同富裕是中国特色社会主义的根本原则。

中国地域广阔、人口众多，每个地方的发展速度和状况不同。所以国家鼓励一部分人、一部分地区先富起来。先富的帮助仍贫困的，这样才能让全体人民通过辛勤劳动和互相帮助，最终达到丰衣足食的生活水平，让每一个中国人都过上好日子！只有努力消除贫困，缩小贫富差距，每个人都自强自立、生活美满，才能减少社会矛盾。

我国是世界人口大国，我们面临的问题和困难很多。但在如此艰难的情况下，我们仍然能够完成脱贫这项看似不可能完成的任务，向全世界展示了中国特色社会主义制度的优越性和国家治理体系的强大活力。

不光是在中国，消除贫困也是联合国确定的千年发展目标的首要指向。因为只有各区域平衡发展，国家的发展才能够健康、持久。

致少年

扶贫、脱贫的最终目的，是实现全民富裕，让大家都生活得安稳幸福，这也是一个国家能够更好发展的坚实基础。能够帮助 7.7 亿农村贫困人口成功摆脱贫困，与国家的正确领导、实施持续的规划紧密相关，也离不开全国人民的努力。

实际上，很多人可能在没有意识到的情况下已参与扶贫工作了。无论你是用零花钱给山区的孩子们筹集学费，还是把自己的旧衣服、旧书捐到社区的爱心传递箱，你都为贫困地区的人们改善生活作出了贡献。中国脱贫攻坚时代奇迹的背后，离不开我们每个人的参与。

THINKING

想一想

根据文章内容想一想，如何才能更好地帮助贫困人群，让他们的生活不会返贫，而会越来越好？

- 航天强国
- 天宫空间站
- 天空课堂

THINKTING

探索宇宙和星辰

为什么要建中国空间站?

当你在晴朗的夜晚仰望天空的时候，有没有注意过，偶尔会有星星匀速地从天空中划过？其实，那不是星星，而是人造卫星，甚至有可能是空间站！虽然人造卫星和空间站本身不发光，但是在合适的时间，它们反射的太阳光线会让地球上的我们清晰地看到它们的身影。

关于人造卫星，你都了解哪些知识呢？从 1957 年苏联发射第一颗人造卫星开始，人类已经向太空中发射过 1 万多颗人造卫星。目前围绕着地球运行的人造卫星还有 4000 多颗。

但是空间站就不一样了，截至 2013 年，人类历史上共发射过 10 座空间站，而目前还在使用中的只有 2 座，那就是由美国、俄罗斯、日本、加拿大等 16 个国家共同建造的国际空间站，以及中国的天宫空间站。

空间站的作用和建造难度

大家是不是很好奇：为什么人造卫星这么多，而空间站却这么少呢？

这就要从空间站的作用和建造难度说起。

我们都知道，要把航天员送上太空进行外太空的科学研究，需要借助火箭和载人飞船，但发射火箭是一件费钱、费时、费力的事情，于是，就需要空间站这样一个地方，兼具实验室和宿舍的功能，让航天员能在宇宙多停留一段时间，自然也就可以支持大量的科学研究和实验。

因此，空间站的体积必须比人造卫星大，可以供多名航天员长期工作和生活，建造起来当然也就比人造卫星复杂得多。

上文提到的国际空间站是人类有史以来建造的最大太空飞行物，重达 454 吨，有一个美式橄榄球场那么大！通常可以容纳 6 名宇航员长期驻扎。宇航员们每次大约会在空间站停留半年时间。空间站有好几个不同的舱体可以供宇航员们生活、做实验，在整个结构的顶端还有一个特别的穹顶舱。在这里，宇航员们不仅可以观察和控制与飞行器的对接情况，更能远眺地球家园。另外，国际空间站的体积之所以那么大，主要是因为有 8 块巨大的太阳能电池板。这些电池板可以把太阳能变为电能，为空间站提供源源不断的能源。

这么庞大的飞行物，当然不可能直接在太空里面建造，但是，也没有办法全部在地球上组装完毕再整体发射到太空。建造空间站就像搭积木一样，需要火箭发射货运飞船，把空间站的一个个组成部分送到轨道上，然后由宇航员把组件拼接起来。

从 1994 年开始，为了搭建国际空间站，美国就进行了 9 次航天飞机与俄罗斯“和平”号空间站的交会对接。一直到 1998 年，国际空间站的两个首要部件——俄罗斯的“曙光”号功能舱和美国的“团结”号节点舱才被发射到太空中送入轨道，并由宇航员将它们固定在一起。在随后 12 年里，一共由 40 枚火箭把越来越多的组件、实验舱、太阳能板陆陆续续地运载至太空，安装在了国际空间站上。国际空间站最终在 2010 年左右建成。

这么巨大的工程，集合了十几个国家的资金、设备、科学人才，花费了十几年才完工，建造空间站的难度可想而知。

你可能会关心一个问题：中国有没有参与国际空间站的建造？

答案是，没有。在1993年，国际空间站开始建造的时候，中国无论是经济，还是科技发展水平，都处在起步阶段，所以因为各种各样的原因，中国没能参与到国际空间站的建造和运营中。

中国的航天强国之路

虽然中国因为客观条件没有参与到国际空间站项目中，但这未必就是一件坏事。

正是因为没能和其他国家合作，我们只能坚定信念，依靠自己的力量！其实，中国的空间站计划从1992年，也就是30年前就有了。

当时国家制定了载人航天工程“三步走”发展战略，建成空间站是重要目标。不过那时候，我们的技术不如人，国家的经济实力和航天人才也欠缺，国际上的航天大国还对我们进行技术封锁和打压。我们和航天大国之间有着三四十年的差距。

但是中国没有气馁，依靠自主研发，经历了一次又一次的实验，一代代中国航天人前赴后继，在艰苦的条件下迎难而上，终于让我们成为世界上一流的航天大国！在过去将近30年的时间里，中国一直在研发属于自己的空间站。因为已经有了前人的经验，我们少走了许多弯路，借助最新的科技成果，使得中国空间站部分组件的科技含量超过了国际空间站。

中国空间站的组合体由核心舱、实验舱，以及载人飞船和货运飞船组成载人空间站，命名为“天宫”，其核心舱命名为“天和”，一号实验舱命名为“问天”，二号实验舱命名为“梦天”，货运飞船命名为“天舟”。从名字就能看出，我们的空间站饱含着中华民族自古以来对太空的无限向往和不懈追求。

从 2008 年神舟七号升空，成功实现航天员太空行走开始，天宫空间站的准备工作就在有条不紊地推进。在接下来的几年中，神舟八号、神舟九号……一直到神舟十一号，每一次发射都承载着重任，每一次升空都意味着空间站的建设又多了一分希望。

终于，在2021年4月29日，天和核心舱在海南文昌发射场成功发射，它是空间站的控制中心；接着，天舟二号货运飞船发射成功，与核心舱实现了成功对接。这就像一份发向太空的快递，里面有各种太空实验设备，包括两套用于舱外活动的宇航服，每套重量超过100千克。另外，还有为宇航员提供的各种生活物品，从主食到副食，从肉类到蔬菜，就连我们平时爱吃的蒜蓉肉丝、宫保鸡丁等家常菜都有！

物资准备好了，中国的航天员们也整装待发。2021年6月17日，神舟十二号载人飞船成功发射，并且把聂海胜、刘伯明、汤洪波3名航天员送入了太空，我们中国的宇航员头一次进入自己的空间站！完成 3 个月的紧密任务后，神舟十二号搭载着 3 名宇航员成功返回地球。

同年 10 月 16 日，神舟十三号升空。这次上天的 3 名中国宇航员翟志刚、王亚平、叶光富在中国空间站为地球上的我们带来了太空中的课堂——“天宫课堂”。通过视频连线，我们看到了宇航员们在太空中进行的各种神奇实验！

延伸阅读

空间站为什么飞行在约 400 千米轨道高度?

空间站，包括卫星飞行在约400千米轨道高度（大气层的热层）。一方面，一般太空实验所关心的接近真空的环境、无云层遮挡的望远镜观测优势、近乎无重力的实验条件等，400千米高度足以满足。另一方面，考虑到航天员和空间站本身的安全问题。在1500～5000千米和13000～20000千米高度的“范艾伦辐射带”以及更高的高度，有着能量非常高、密度非常大的太阳风高能带电粒子。空间站进入高能粒子区域，不仅对航天员的生命健康是巨大的威胁，还会伤害仪器设备。

当神舟十三号的宇航员们完成了半年的任务，于2022年4月16日平安返回地球后，神舟十四号于同年6月5日升空。

接下来，“问天”和“梦天”两个实验舱都将被发射到太空中并与核心舱对接，形成“T”字基本构型，最终完成中国空间站在轨建造。天宫空间站的总重量达180吨，设计寿命为10年，可长期驻留3名航天员，进行更多的研究。

中国空间站的伟大意义

随着中国空间站的建造有条不紊地进行，目前越来越多的国家向中国提出申请，希望加入中国空间站，与中国合作开展空间科学试验研究。而中国空间站也向世界敞开合作大门，不向其他国家设置附加条件，大家可以平等参与到中国空间站项目中来，一起为探索宇宙和人类未来的发展而努力。这种分享，正是我们中国人包容精神和大格局的体现。

同学们一定会好奇，为什么人类一定要探索宇宙，去太空中做实验呢？

大家都知道，太空与地球不同，是一个失重、真空，还含有各种射线等的特殊空间环境。所以航天员在空间站中可以利用太空环境从事诸多科研活动，涵盖生物、医学、化学、物理等领域。

比如在天宫课堂里，航天员叶光富老师就给大家展示了细胞在太空中生长的视频。别小看这些肉眼都看不见的细胞研究，这对于人类来说意义重大：一方面可以看到太空环境对生物到底会有什么影响，会产生什么样的变化，另一方面也希望把一些好的变化应用在地球上，希望能为人类未来进入太空生活提供更多研究依据。总之，对于我们在地球上的生活和外太空的探索，这些研究都是必不可少的。

地球是我们的家园，为了把它建设得更好，也为了让人类未来有更多开发利用太空资源的可能性，航天人才不断地探索宇宙。而对于我们中国来说，更是不易。太空探索从无到有，从弱到强，凝聚着数代航天人、航天员的心血，甚至生命。中国人的强国梦、航天梦在他们的奉献和牺牲下，才一步步照进现实。

对于航天员，我们看到的仅是他们获得荣耀的一面，其实他们背后承载着很多辛苦与不易。就像神舟十三号的3名航天员，他们在宇宙中生活了6个月，也就是去太空出差了半年。他们除了要完成各项科学实验和工作任务，还要不断接受身体变化的挑战。

大家可以思考一下：在太空中生活和在地球上有什么不同？有哪些挑战？

众所周知，地球是有重力的，而我们的身体是为适应地球重力而生的，失重必然引发身体的严重不适。航天员虽然经过了非常严苛和感觉很难受的宇宙生存训练，但进入太空，身体还是会有强烈反应。在太空中，人体里血液和水分分布的位置会发生变化。微重力会导致航天员面部肿胀，视力和感官也有可能会出现问题。每一次出舱，即使是在地球上很普通的运动，对于他们来说都是挑战。而当航天员返回地球时，他们从失重状态一下子进入超重四五倍的状态，身体要承受巨大的压力，并且会进入完全与外界断联的黑障区。接近地面的时候飞船打开降落伞会带来剧烈冲击，航天员会感受到一股巨震，身体也会非常难受。所以，航天员每一次往返于地球与太空之间，都承受着对身体的伤害，甚至会付出生命。

曾经有记者问中国第一位进入太空的宇航员杨利伟："如果神舟五号再来一遍，还愿意去吗？"他说："就算付出生命，去实现一个民族的梦想，也是值得的。"

这就是我们的航天人。正是他们，在一步步实现中华民族探索宇宙的梦想。也正是他们，我们才能在探索星辰大海的路上阔步前行！

致少年

正是因为有了一代代航天人的努力，我们才能在探索星辰大海的路上阔步前行，才能一步步实现中华民族探索宇宙的梦想。而正是因为有了全国上下一心，各行各业的共同发展，才使得我们的科技力量不断增强，自主创新能力有了新的突破。可以说，中国空间站的建设，就是这几十年来中国发展的缩影。

相信正在读这篇文章的很多人心中，也有一个关于宇宙星河的梦想。在不远的将来，你们中的一部分人也会成为了不起的航天人，希望大家能够为实现自己的梦想而不断努力。

THINKING

想一想

你认为建造中国空间站，什么是必不可少的？如果你成为一名航天工作者，你希望把空间站建造成什么样？让空间站实现什么样的功能呢？

- 考古

- 蜀文化

- 中华文明

THINKING

中华文明
寻根之门

三星堆
考古有什么
意义？

如果我们想了解古代人的生活方式，比如，他们怎么吃饭，如何社交，平时穿什么、聊什么，应该怎么办呢？有人可能会说，可以查古籍里的文字记录。没错。那如果想了解更久远的事情呢？或者没有确切的文字记录的时候呢？

最好的方法就是找到以前留下来的东西。这就是考古学家们在做的事——通过找到并且研究古人遗留下来的东西，帮助我们了解他们的生活。

通过对遗址的挖掘，考古学家会发现埋在地下的建筑、工具、艺术品等各种文物。然后，他们会利用一些科学手段判断出这件文物是什么时候制作的、由什么制成的，以及用来做什么。通过这些研究，历史的模样就被一点点拼凑得越来越完整。

2021 年是中国现代考古学诞生 100 周年。在这一年，有许许多多的考古新发现帮助我们在追寻中华文明根源的过程中又拨开了一些迷雾，揭开了更多真相。而其中最为“出圈”的，当数四川广汉三星堆遗址中 6 个新祭祀坑的发掘。

随着越来越多的文物出土，曾经只存在于传说中的、没有任何文字记载的古蜀文明，在我们眼前逐渐清晰起来。

三星堆遗址推开古蜀文明宝藏之门

1929年，四川当地的农民燕道诚和儿子燕青保在清理自家的沟渠时，偶然发现了一块大石板。他们掀起大石板，一个令人震撼的玉石器坑出现在面前。这就是被称为“20世纪人类最伟大的考古发现”之一的三星堆遗址的最早发现。

尽管相关挖掘工作一直在断断续续进行，但直到1963年，四川省博物馆、四川大学历史系组成的考古队再次发掘了三星堆遗址的最早发现地月亮湾等地点，才发现这一带的遗址“如此密集，很可能就是古代蜀国的一个中心都邑”。1986年，2个大型祭祀坑被发掘，成为三星堆考古发掘史上的重大发现。自此，三星堆引起了海内外学术界的高度重视，至今共发现8个大祭祀坑，出土了13000余件令人惊叹、前所未见的古蜀文物。

在2022年虎年央视春节联欢晚会上，有一尊宽131厘米、高71厘米、深66厘米，重131斤的青铜大面具惊艳亮相。这尊面具就来自三星堆遗址，是目前出土体量最大、保存状况完好的大型青铜面具。

三星堆还有太多太多不同于中原文化的器具。高达3.95米的青铜神树；流光溢彩的黄金权杖；外层青铜网格，内里是美玉的龟背形器具；雕刻华美生动的铜神坛；耳朵犹如鸟翅向两边展开，眼珠就像螃蟹眼睛一样呈

圆柱状突出眼眶的纵目青铜人面像……这些文物为我们勾勒出了3000～5000年前，那些不为人知的文明。

为什么三星堆如此重要

可能有人会好奇，三星堆无论是从诞生时间还是所承载的文明来说，离我们普通人的生活都非常遥远，为什么要把它搬上春晚舞台？为什么全中国，乃至全世界，都很关注三星堆的发掘过程呢？

考古的意义，不仅仅为了获得惊世文物，更是让后人通过遗址和文物，了解中华文明，乃至世界文明的发展脉络。

在三星堆被世人熟知以前，历史学界一直都认为：中华民族的发祥地是黄河流域，中华文化都是从位于黄河流域的中原慢慢传到其他地方的。

但我们从三星堆的文物中发现，大部分器物的种类和造型都是前所未见、极具特色的。这就不难推断出，早在4000多年以前，在四川地区就存在一个高度发达的蜀文化，这不同于我们熟知的中原文化。我们能够从中了解到先民们在这片沃土上过着定居的农耕生活，并且有着完全不输于中原地区的青铜文化。

因此，这也证明了长江流域与黄河流域一样，都是中华文明的发祥地。长江流域孕育出了灿烂的古代文明，其文明区域之广、文化遗址数量之多、密度之大，都堪称世界之最。生活在长江流域的人们创造了独具一格的文明，与其他地区的文明互相交融、互相碰撞，在漫长的岁月中不断演变，这才形成了我们今天的中华文明。

历史文化遗产是我们的先人曾经生活过的痕迹，是他们用自己的智慧与勤劳开创的灿烂文明，也是我们后人的骄傲与自豪。

中国考古学会理事长王巍曾表示，于2022年年初对三星堆遗址祭祀区开展的发掘工作，是非常典型的、新时代中国考古学的代表项目。时隔35年对三星堆遗址再次发掘，不仅展现出如今中国考古学的理念、技术手段和方法都上了一个新台阶，而且在互联网时代，媒体对三星堆考古发掘过程中的公共传播力度也是前所未有的。

考古和文物保护的意义

三星堆的挖掘，离不开一代又一代考古人的努力。这是一项需要强大体力、耐力的细致工作，也是一项对历史文化知识有着极高要求的工作。而现代考古学里，更是少不了科技的助力。

2022年，三星堆遗址的考古发掘和文物保护工作有来自全国的22家科研单位和高校参与，他们在环境考古、象牙DNA测定、象牙与贝壳来源研究、冶金考古等多个方面进行课题研究。

多机构、多学科参与，如今已成为考古发掘研究的一种趋势，也预示了今后考古事业的一个发展方向。也正是借助各种各样科技的点滴进步，我们才更容易捕捉到历史的微光。

对于很多三星堆遗址出土文物的用途和含义，我们目前依旧一知半解，仅能从中窥见和中原文明的相似与连接之处，依旧不清楚古蜀人是否和中原文化有真正交集。

文物上的符号代表什么含义？曾经这片土地上的社会制度是怎样的？古蜀人又为何突然消失？……三星堆有太多的不解之谜，而发掘和研究仍在进行中，每一天都会有新的发现刷新我们对于历史的认知。考古，正是帮助我们寻找丢失记忆的最佳途径。在未来，考古学者还将继续凭借越来越先进的考古技术，将埋藏于地下的古代遗存发掘出土，从而将尘封的历史揭示。而你，也可能成为其中一员。

致少年

只有知道自己来自哪里的人才能走得更远。

包含三星堆遗址、金沙遗址、古蜀船棺合葬墓等遗迹在内的古蜀文化遗址，很早就被纳入《中国世界文化遗产预备名单》，申遗工作正在开展。相信在不久的将来，在各方努力之下，一定会有越来越多的人了解中国文明。

习近平总书记强调：考古发现展示了中华文明起源和发展的历史脉络，展示了中华文明的灿烂成就，展示了中华文明对世界文明的重大贡献。考古成果还说明了中华民族和中华文明多元一体、家国一体的形成发展过程，揭示了中国社会赖以生存发展的价值观和中华民族日用而不觉的文化基因。

三星堆遗址的考古与发掘之路，其实更是中华民族的寻根之路。除三星堆遗址外，中国大地上也许还有无数个像它一样的古文明遗址，静静地藏在岁月的风沙之下，等待着后人的发掘。作为唯一一个传承至今、血脉不断的文明古国，中国有无数文明散落在历史的长河中，被岁月掩埋了光辉的痕迹。而我们要做的，就是让这些古老的文明重新绽放出应有的巨大光芒。

THINKING

想一想

三星堆的挖掘和研究还在继续，打开“脑洞”想一想，我们还可能发现什么样的宝藏，破解哪些谜题呢？

- 世界遗产
- 海上丝绸之路
- 东方第一大港

THINKING

共建人类
命运共同体的
人文典范

你对泉州申遗
了解多少?

有个地方位于中国的东南沿海，是千百年来著名的港口，更是古代海上丝绸之路的起点，它就是泉州！

2021 年 7 月 25 日，泉州通过了联合国教科文组织第 44 届世界遗产委员会会议审议，成功列入《世界遗产名录》。

世界遗产到底是什么？你还知道哪些世界遗产？

泉州被列为世界遗产有什么好处？

弄懂这些问题，你就会知道这则短小的新闻背后蕴含的丰富信息和知识点，更会知道，这对于当代中国来说，有多么重大的意义。

什么是世界遗产

说到遗产，可能大家都知道，就是祖先去世后，给自己的子孙后代留下的东西。那么世界遗产，顾名思义，就是全世界的人类祖先给后代留下的宝贵财产。当然，现在对于“世界遗产”还有一个更准确、更严格的定义，就是指被联合国教科文组织和世界遗产委员会确认的人类罕见的、无法替代的财富，是全人类公认的具有突出意义和普遍价值的文物古迹及自然景观。

这个定义好像有一些拗口，但是理解起来并不难。大家可以发现，世界遗产主要分为三类：一类被称为世界文化遗产，主要关注文物、建筑群和遗址，是人类文明或文化传统的重要见证，具有突出的历史、艺术及科学价值，比如我们都很熟悉的长城和故宫；还有一类是世界自然遗产，这个类别关注地球多元的自然面貌，能够体现地球进化史的稀有地貌，珍稀或濒危动植物的栖息地，比如四川的九寨沟、湖南的张家界；另外还有一种是文化和自然的双重遗产，比如山东的泰山，作为“五岳之首”的它不但风景壮美，更是古代皇帝祭天的圣地，兼具大自然的鬼斧神工和中华文化的缩影，是中国第一个世界文化与自然双重遗产。

从广泛的意义上说，除了这三种物质文化遗产，还有一种非物质文化遗产，也就是人类一代代传承下

来的传统文化，比如中国的书法、太极拳、京剧、昆曲等，就连中国的传统节日端午节，都属于世界非物质文化遗产。

所以，“世界遗产”虽然看似非常高深，但它距离我们的日常并不遥远，在我们生活的城市或周边，可能就有一些景区是世界遗产，我们在课外所学习的各种传统技艺可能也是世界遗产，就连我们每年端午节包粽子、看龙舟比赛这些娱乐项目，同样是世界遗产的一部分。

大家可以回顾一下自己曾经参观过、接触过，或者在书里看到过、听别人提起过的世界遗产，想想它们都具有什么样的共同点?

带着这样的思考，我们会对接下来这个问题有更多感悟。

申请世界遗产有什么好处

大家可能听过一句老话：酒香不怕巷子深。意思就是，只要是好的东西，就不在乎宣传，早晚有人知道。但是，这句话放在今天，就不合时宜了。

在现代文明高速发展的过程中，地球上的自然环境和人类古老文明遗迹难免会或多或少地遭到破坏，传统文化难免会被逐渐淡忘。所以，只有不断加大宣传力度，提高知名度，获得更多关注，才能更好地保护大自然和人类祖先留给我们的珍贵遗产。

而通过申报世界遗产，就能够提高地区和文化在全世界的知名度。比如中国的苏州园林、秦始皇陵兵马俑、龙门石窟等文化遗产，一开始知名度仅限于中国，但成为世界遗产后，立刻引起了全球的关注，很多外国的专家学者和游客纷纷来到中国研究和参观，惊叹于中华民族古老的智慧与精湛的技艺。

在这样的关注下，人们会更加重视对人类遗产的保护，成立专门的机构对古老的文物和遗迹进行维修，对自然环境进行保护。而社会民众也会因中国上下五千年的中华文明和绵延万里的壮丽河山而自豪，将优良的文化和传统传承下去。

因此，“申遗”（申请世界遗产的简称）其实就是对人类古老文化和珍稀自然环境的一种认证、宣传和保护。就像在学校，当你品德高尚、行为端正、学习优秀，就会得到学校颁发的奖状一样，这既是对你的一种认可，更是一种鼓励，让你继续把这样的作风保持、发扬下去。

中国申报世界遗产同样是为国家争取荣誉。并且，申遗成功能够为当地旅游业和商业带来更多的机遇，带动当地经济的发展，让当地人挣到更多钱，过上更好的生活。

那么，泉州申遗成功到底是凭借哪些因素呢？你可以拿出中国地图和世界地图，分别找到泉州的位置，然后我们一起来分析。

泉州与海上丝绸之路

从地图上可以看到，泉州位于福建东南沿海。在遥远的新石器时代，这里居住着闽越人，他们善于建造舟船，个个都是游泳好手。

随着中原地区居民向南搬迁，闽越人和中原人逐渐融合，中原的铁农具、牛耕、翻车等先进生产工具和农耕技术的传入，让这里慢慢成为物产富庶、人烟稠密的地区。优越的地理位置，发达的经济环境，让泉州成为古代东南海路的主要港口。

其实，在唐朝中期以前，中国对外贸易的主要通道是“陆上丝绸之路”，即以长安（今西安）为起点，经甘肃（青海、宁夏也有平行线路）、新疆，到中亚、西亚，并联结地中海各国的陆上通道。但是，从唐朝中后期开始，频繁的战乱导致国力衰弱，而吐蕃、回鹘和大食国（阿拉伯帝国）等势力越来越强大，它们控制了东西方商人经商来往的通道，肆意对途经这些地区的商人征收高额的商品税和道路费用。为了节省成本，商人们只能另想办法。

伴随着我国造船、航海技术的发展，“海上丝绸之路”逐渐开始取代“陆上丝绸之路”的位置，而泉州则凭借着独一无二的优势成为“海上丝绸之路”的起点。

首先，泉州拥有优越的地理位置，它位于晋江下游的入海口，拥有宽阔的避风港湾。

其次，泉州具有完美的气候条件，典型的亚热带海洋性季风气候让这个地区降水充沛，冬季也比较温暖，港口不会出现结冰现象。

最后，泉州本身作为中原文化与闽越文化融合的地区，对于不同文化的包容性更强、接受度更大，非常适合作为外来文明的中转站。

在唐朝中晚期，泉州的海外交通贸易逐渐发展，出现了“市井十洲人”的盛况。在唐代诗人张循之的《送泉州李使君之任》一诗中是这样描写泉州的：“傍海皆荒服，分符重汉臣。云山百越路，市井十洲人。执玉来朝远，还珠入贡频。连年不见雪，到处即行春。”诗中的“市井十洲人”说明当时的泉州大街上来来往往的有多个国家的人，就好像今天的北京、上海一样，已经是一个国际化大都市。

到了宋朝，泉州的造船业和航海业已经极为发达，与日本、高丽（今朝鲜、韩国）、暹罗（今泰国）、天竺（古代中国对印度和其他印度次大陆国家的统称）、大食（古代的阿拉伯帝国）等 57 个国家和地区有海上贸易关系。当时计算各国与中国的海上距离，都以泉州港为起点。

各国的商人纷纷经由“海上丝绸之路”来到泉州，他们大多数居住在泉州东南隅的“蕃人巷”。这些商人从各自的国家带来了犀角、象牙、珠玑、玻璃、玛瑙、香料、胡椒等中国没有的特产，再从中国带走丝绸、瓷器、茶叶等外国人钟爱的中国商品。

元朝时期，意大利著名旅行家马可·波罗来到中国，他这样描述泉州："所卸胡椒甚多，若以亚历山大运赴西方诸国者衡之，则彼数实微乎其微，盖不及此港百分之一也。"在他的盛赞下，当时整个西方世界都知道了泉州这个繁荣的"东方第一大港"。

直到今天，泉州还存留着港口、沉船、市舶司、瓷窑、瓷器等与远洋贸易相关的遗迹、遗物。当年远渡重洋来到中国的外国商人、传教士、旅行家的子孙后代，有些今天依然生活在这片古老的土地上。来自波斯、阿拉伯、印度和东南亚这些地方的外来文化，千百年来在泉州与中华文化交融、互鉴、共存，成就了这座城市多元、开放、包容的特质。

泉州申遗成功的因素和影响

了解了泉州的历史以及它在中国乃至世界远洋贸易史上的重要位置之后，相信大家已经对泉州申遗的成功因素了然于胸。

泉州申遗项目，正是以“宋元中国的世界海洋商贸中心”为核心，申遗的22处代表性古迹遗址全部和海上贸易有关：古代管理海上对外贸易的官府，相当于今天海关的“市舶司”遗址，供奉中国古代神话中保佑船只、船员平安的海神妈祖的天后宫，体现了不同民族、宗教和文化在泉州共存历史的伊斯兰教圣墓和草庵摩尼光佛造像，以及见证了泉州曾经作为“东方第一大港”的江口码头、石湖码头，等等。

这些古老的遗迹证明了宋元时期的泉州作为中西文化交流中心的地位，展现了在浩瀚的历史长河中，来自不同海域、不同国度、不同宗教、不同族群的人是如何在同一个地方同生共长、相依相存的。这种多元文化和平共存的发展模式，也是我们如今在追求和倡导的“人类命运共同体”价值观的最好体现。

让我们再换个方向思考一下：泉州申遗成功对于中国有什么样的意义和影响呢?

首先，这件事情再次向全世界证实了从古代起，中国与世界各国就开展了积极的文化交流与互鉴，展示了中华民族海纳百川、兼容并包的博大胸襟。

其次，作为中国人，对于泉州和海上丝绸之路这段重要历史的了解，让我们能够更加坚定文化自信，传递中华民族自强不息、勇于开拓的精神，开创更加辉煌的未来。

最后，申遗成功势必让泉州成为中外游客的热门旅行地，带动泉州当地经济的发展，这样可以促使大家更加重视对于文化遗产的保护，让这个曾经吐纳天下奇货的“东方第一大港”以最好的面貌出现在世人眼中。

致少年

历史孕育出的中华文明值得被后世铭记。泉州申遗的成功，也是我们文化自信的体现，向世界讲述中国故事，展现中国文化。无论从历史意义，还是经济价值来看，都有着重要意义。

我们今天漫步在古老的泉州港，这里的港口、码头、寺庙、桥梁……，无一不在见证中华民族艰辛而伟大的航海史和发展开拓史。我们体会先辈们披荆斩棘、乘风破浪的勇气，感叹开放带给中华民族的兴盛。

泉州，作为海上丝绸之路的重要港口，我们了解它的过去，才能立足当下，展望未来。历史的车轮滚滚向前，时代的脚步永不停歇。而今，我们将迈向中华民族的伟大复兴。

THINKING

想一想

继泉州申遗成功后，中国的另一项重要文化遗产——“北京中轴线”也进入申遗阶段，如果你感兴趣，可以去了解一下这个申遗项目的具体内容，关注它的进展，利用我们在泉州申遗项目上学习到的知识，思考一下“北京中轴线”申遗的意义。

- 国家综合实力

- 展示窗口

- 绿色办奥

THINKING

奥运精神

中国为什么
要申请举办两次
奥运会?

说到 2022 年北京举办的冬季奥林匹克运动会，大家会先想到什么呢？是可爱的吉祥物冰墩墩、雪容融？是美不胜收的开幕式？还是在赛场上拼搏夺金的运动员们？

你知道吗？北京可是奥运史上第一个“双奥之城”，也就是说，它是唯一一个既举办过夏季奥林匹克运动会，也举办过冬季奥林匹克运动会的城市。

2008 年举办的夏季奥运会，让北京一举成为世界知名的大都市，也成功地让一些西方国家对中国刮目相看，很好地树立了中国的国际形象。而奥运会之后，中国和世界的交流越来越频繁，在国际舞台上的影响力也越来越大。

时隔 14 年之后的 2022 年，北京为什么再一次申请举办冬季奥运会呢？通过这篇文章，我们一起来了解奥运会举办背后的影响和意义。

举办奥运会可以体现国家的综合实力

大家想一想，如果你是国际奥林匹克委员会的成员，你会挑选什么样的国家和城市举办奥运会呢？你一定会说是各方面都很出色的地方。

首先，举办地要有完善的基础设施，所以，那里的经济要比较发达。举办奥运会需要接待成千上万来自世界各地的运动员和观众，所以国际机场、状况良好的公路、美观的城市街道这些基本的城市设施一定要有。

其次，这个城市要有足够的钱来建造必需的体育设施，比如各种各样的比赛场馆，还有供运动员、教练居住的奥运村等。建造这些场馆和设施需要花很多钱，比如，当年建造国家体育馆“鸟巢”和国家游泳中心“水立方”，就花了几十亿元人民币。所以，只有经济实力强大的国家才有举办奥运会的底气。

这也是为什么在现代奥运会的历史上，前面十几届奥运会的举办国都是经济发达的欧美国家，直到第18届奥运会才轮到亚洲举办，而且是当时亚洲经济最为发达的日本。

这些都说明，能够成功申请到奥运会的举办权是一个国家经济实力的证明。这也是中国当年申办2008年夏季奥运会的原因——当时的中国正在经历改革开放后的快速发展，从政府到老百姓，都特别希望借助奥运会这个机会告诉全世界：看，我们的国家强大起来了！我们有能力把奥运会举办好！

当然从另一方面看，举办奥运会还证明了一个国家的体育发展水平。

现在，对很多人来说，运动是生活中很重要的一部分。很多中国人都非常重视体育，通过各种运动增强体魄。但是，1936年的柏林奥运会，中国申报了田径、足球、篮球、举重与竞走等参赛项目，结果除了一名撑竿跳选手进入决赛外，其他人都在初赛中被淘汰。

而如今，国运盛，体育兴。中国已经从曾经的体育弱国发展为一个体育大国，因此也有底气成为奥运会这项国际综合体育赛事的东道主。

就像习近平总书记说的那样："体育精神是中国精神的一个缩影。这种拼搏精神恰恰是我们这个时代的一种体现。"从奥林匹克运动的追赶者到昂首站在奥运舞台中央，从曾经全军覆没到一个个刷新纪录、勇夺金牌的奥运健儿，中国的奥运精神是一种不畏险阻、顽强拼搏的民族精神。

奥运会为城市和国家带来什么

举办一场奥运会确实需要投入大量的财力、物力和人力，也正因如此，有不少国家在申办奥运会的过程中会遭到当地居民的反对。他们觉得，举办奥运会会给国家带来巨大的经济负担，建造的场馆在赛事结束后得不到很好的利用，会造成严重的浪费。

那难道奥运会只是一项“面子工程”吗？当然不是！奥运会不仅可以作为一个国家实力的“展示窗口”，也是一种可以盈利赚钱的商业模式。比如，通过卖比赛门票、卖冰墩墩吉祥物等特许商品、收取电视转播费、拉广告赞助，都可以给举办国带来收入。当然，不仅是这些直接的经济回报，奥运会还能间接促进当地的发展，对于发展中的国家和城市尤为如此。

就拿2008年北京夏季奥运会来说，这场盛事不仅让北京一举成为世界知名的大都市，更促进了国家经济、社会的全面发展。比如，随着北京和中国的国际知名度上升，选择来这里旅游的外国游客大大增加，交通、旅游、餐饮业都因此受益；为了举办奥运会，北京对机场、火车站进行了翻新，把道路修得更好，增加了绿植美化城市环境，还整治了空气污染的问题……这些也给居民带来了切实的好处。

可以说，这样一场体育盛事给我们国家带来了许许多多的积极影响，所以在一些国家打起退堂鼓的时候，北京没有放弃，而是再一次成功申请举办了2022年冬季奥运会。

2022年冬奥会——2008年夏奥会遗产的延续和再创

我国之所以把2022年冬季奥运会的举办地选在北京，主要原因就是可以利用上一次夏季奥运会留下来的宝贵经验和硬件设施。

一方面，北京在成功地举办2008年夏季奥运会后，培养了一大批这方面的专家和人才，对于承办大型赛事可以说是得心应手。

另一方面，北京有一些奥运场馆可以再次利用。比如两届奥运会的开幕式和闭幕式场馆都是“鸟巢”；在2008年承办水上比赛项目的国家游泳中心“水立方”变身“冰立方”，改造后被用来举行冰壶和轮椅冰壶的比赛，从而降低办赛成本……

在设计建造这些场馆的时候，我国都会考虑在奥运会结束后怎么继续利用，让它们不仅可以用于举办高水平的国际体育赛事，也可以面向大众开放。比如，国家游泳中心赛后将在游泳季和冰上季之间不断切换：春、夏、秋三个季节作为“水立方”，用于水上运动；冬季则变身为“冰立方”，用于开展冰上运动，真正实现奥运场馆可持续利用。

冬奥会，不仅仅是 16 天

一届成功的奥运会不仅体现在 16 天运动赛事的圆满举行，更在于它所带来的长期影响，而北京冬奥会在这一点上做得很好。

首先，中国人冬季运动的热情被点燃！在中国，长期以来冬天的运动项目就比较少，老百姓冬天也喜欢“猫冬”不锻炼，但是冬奥会为很多人打开了一个全新的世界。在冬奥会还没有开始时，学校、媒体就利用各种平台普及冬奥知识；运动健将们在赛场上的飒爽英姿令多少人心生向往！如果你生活在北方，也许在冬奥会之后也参加过一些冬季运动项目吧？国际奥委会主席巴赫评价说："中国实现了超过3亿人参与冰雪运动目标，这是前所未有的伟大成就，是本届冬奥会为中国人民和国际奥林匹克运动作出的重大贡献，也将从此开启全球冰雪运动的新时代。"

比如，像冰壶这种在欧美比较普及的运动项目，虽然进入中国有些年头了，但是绝大多数人并不知道它的规则是什么。而冬奥会之后，但凡看过冰壶比赛的人，都会在观看过程中了解这项运动的一些规则，随着身边对公众开放的相关场馆增多，参与这项运动的人自然也多了起来。随之而来的还有冰壶鞋、冰壶刷这些装备生产，以及冰壶运动培训等一系列产业的出现，无形之中推动了经济的发展。

其次，除了调动民众的运动热情、拉动经济外，奥运会也助推了科技的进步。

为了实现“绿色办奥”的理念，这次冬奥会所有场馆 100% 使用绿色电能，这就需要有成熟的光伏发电和风力发电技术才能做到。赛场外，利用绿色交通为低碳环保助力，投入使用了氢燃料车、纯电动车、天然气车、混合动力车等环保节能车辆。

作为这次冬奥会的观众，我们能在手机和电视上特别清晰、流畅地观看比赛，身临其境般地感受短道速滑赛场上的风驰电掣，甚至看清运动员脸上的每一个微表情，这些都归功于我国自主设计建造的专业转播车。这种“5G网络+8K超高清转播车”集合了全球许多最先进的技术，为我们奉上了一场运动视觉盛宴。

此外，这次冬奥会正值新冠感染疫情期间，为了减少人和人的接触，同时节省人力和物力，冬奥村、比赛场馆和媒体中心投放了各种各样的机器人。从做饭、配送、消毒、测温，到移动售货、客房服务、导游翻译……机器人成为北京冬奥会上一道亮丽的风景线。

冬奥场馆、冬奥蓝天、冬奥科技、冬奥精神……北京冬奥会再一次给我们留下了一大笔丰厚的奥运会财富。

北京冬奥精神

在北京冬奥会、冬残奥会总结表彰大会上，习近平总书记深刻总结了胸怀大局、自信开放、迎难而上、追求卓越、共创未来的北京冬奥精神，并对其丰富内涵作出了精辟概括，明确指出：

——胸怀大局，就是心系祖国、志存高远，把筹办举办北京冬奥会、冬残奥会作为“国之大者”，以为国争光为己任，以为国建功为光荣，勇于承担使命责任，为了祖国和人民团结一心、奋力拼搏。

——自信开放，就是雍容大度、开放包容，坚持中国特色社会主义道路自信、理论自信、制度自信、文化自信，以创造性转化、创新性发展传递深厚文化底蕴，以大道至简彰显悠久文明理念，以热情好客展现中国人民的真诚友善，以文明交流促进世界各国人民相互理解和友谊。

——迎难而上，就是苦干实干、坚韧不拔，保持知重负重、直面挑战的昂扬斗志，百折不挠克服困难、战胜风险，为了胜利勇往直前。

——追求卓越，就是执着专注、一丝不苟，坚持最高标准、最严要求，精心规划设计，精心雕琢打磨，精心磨合演练，不断突破和创造奇迹。

——共创未来，就是协同联动、紧密携手，坚持“一起向未来”和“更团结”相互呼应，面朝中国发展未来，面向人类发展未来，向世界发出携手构建人类命运共同体的热情呼唤。

致少年

冬奥场馆、冬奥蓝天、冬奥科技、冬奥精神……北京冬奥会再一次给我们留下了一大笔丰厚的奥运财富。我们看比赛，心潮澎湃的同时，也为自己身处这个更快、更高、更强、更团结的时代而骄傲。

申办奥运会的意义，更是超越了比赛盛会本身。没有强盛国力，没有高速发展的新科技，没有全民同心协力的努力配合，就没有从 2008 年到 2022 的跨越和成就。在你心目中，2022 年北京冬奥会是什么样的呢？你觉得举办奥运会给你、给我们的国家带来了哪些变化？

THINKING

想一想

如果你所在的城市要申办奥运会，你觉得需要做哪些城市改造，让这里更适合举办奥运会？你也可以想想，如何高效地运用之前建好的场馆，比如鸟巢、水立方等？

- 运河的历史

- 南水北调

THINKING

跨越千年的水利工程

京杭大运河与“南水北调”有什么关系?

首先让我们来看一条 2022 年 4 月 28 日的新闻：历经 14 天集中补水，京杭大运河实现百年来首次全线通水。

要理解这条新闻，首先我们要了解什么是运河。通常来说，运河指的是人工开凿的通航河道，包括连接天然的河流湖泊等水道之间的人工水道，都可以叫作运河。

世界上有很多条对人类发展产生了重要影响的运河，包括接下来重点讲的贯通中国南北的京杭大运河，还有亚洲与非洲之间的分界线苏伊士运河，连接太平洋和大西洋的巴拿马运河，等等。

你可以先思考一下：运河有哪些作用？人类为什么要开凿运河？带着这两个问题，让我们先从运河的历史说起，大家就会逐渐找到答案。

运河的历史与作用

运河的诞生

中国的运河建造历史非常悠久，世界上最古老的运河就是中国修建于春秋末期的胥河。除此之外，全世界最长的运河也在中国，就是上文提到的京杭大运河。其实，京杭大运河是由很多条运河组成的，它的修建几乎贯穿了整个中国历史。

京杭大运河的雏形形成于春秋末期：吴王夫差为了攻打齐国，命人开凿邗沟，这样不但可以通过水路运送粮食，还可以用船只运送士兵和武器等军用物资，不管是速度还是安全性，海运都远超陆运。

这个时期开凿运河主要为了开展对其他诸侯国的军事行动，也就是说，运河最初是为了战争而产生的。

运河的鼎盛时期

到了隋朝，天下统一，社会经济繁荣。但是，当时南方的经济发展已经超过北方，国家不但需要加强对南方地区的管理，同时也需要将南方的粮食等丰富的物资运输到北方，供应中央朝廷和北部边境

军队的需求。

于是隋朝的第二任皇帝隋炀帝即位后，下令开凿从都城洛阳到今江苏境内的淮河约650千米长的运河，这就是沟通黄河与淮河的“通济渠”。接着他又下令开凿从洛阳经山东临清至河北涿郡（今北京西南）的“永济渠”，以及江苏镇江至浙江杭州长约400千米的“江南运河”，同时对邗沟进行了改造。

“隋朝大运河”可是个浩大的工程，连接了五大水系，全长超过2000千米，征集了当时隋朝15岁以上的男子几百万人充当民工。这些民工每天辛苦劳作还饱受虐待，死亡人数不计其数。这样劳民伤财的工程引发了激烈的社会矛盾，各地农民纷纷起义反抗隋朝的统治。

读到这里，你可以思考一下，你认为隋朝大运河的开凿是利大于弊？还是弊大于利？

对于这个问题，我们不妨看看唐代诗人皮日休在他的作品《汴河怀古二首》中是如何陈述自己的观点的：“尽道隋亡为此河，至今千里赖通波。若无水殿龙舟事，共禹论功不较多。”也就是说，虽然世人都说隋朝灭亡是因为开凿运河，但是直到现在南北交通还依赖这条运河，如果不是隋炀帝为了享乐大修龙舟奢靡浪费，他的功绩可以和当年治水的大禹相提并论。

虽然隋朝灭亡了，但是大运河依旧碧波千里，往来船舶穿梭如织，极大地带动了运河沿线城镇的经济发展。其中，扬州作为大运河的交通枢纽而拥有了“天下之盛，扬为首”的地位。

一直到元朝定都大都（今北京）后，为了使南北运输不再绕道洛阳，又花了10年时间，先后开挖了“济州河”和“会通河”，又新修“通惠河”。就这样，新的京杭大运河比隋唐大运河缩短了900多千米，最终形成了我们今天大运河的基本形态：南起杭州，北到北京，途经浙江、江苏、山东、河北四省及天津市，贯通海河、黄河、淮河、长江、钱塘江五大水系。

运河促进了南北各地区之间的融合和交流，对沿线地区的经济发展起了巨大作用，更多次为后世解决了战争时期的粮草供给和自然灾害后官府赈济运输的问题。

运河的衰落

到了清朝末年，在西方侵略者的践踏下，运河漕运中断，运河沿线主要城市都遭受重创。同时，因为受黄河所带泥沙沉积的影响，河床底部的淤泥越积越多，河水越来越浅，京杭大运河黄河以北一些河道断流，无法正常通航。

长期过度使用水资源，却不采取保护水环境的措施，让大运河像一个疲惫的人一样，日渐迟缓衰老。

加上西方造船技术的传入，海运逐渐取代河运成为漕运的主要路线。而铁路通车后，京杭大运河彻底失去了原有的作用和地位。

运河焕发新生机

新中国成立后，政府对运河进行了大规模整修，把部分河段拓宽并且加深，将弯曲的河道改直，还新建了现代化的码头和船闸，以及灌溉和防汛等设备，让京杭大运河的部分河段不但能够重新发挥航运的作用，同时还可以灌溉沿线地区的农田，在雨季时达到防洪和排涝的目的。

2002年，京杭大运河被纳入国家“南水北调”工程之一。

什么是“南水北调”工程

中国的南北气候差异明显：北方干旱，降水稀少；南方非常湿润，夏季经常出现暴雨等极端降水天气。这种水资源的不平衡，导致自古以来中国北方地区缺水，严重影响北方居民的饮水和农业生产；而南方地区洪涝灾害频繁发生，洪水冲毁农田和村庄、城镇，危害人民的生命安全。

南涝北旱，这是一个困扰中华大地的千古难题。毛泽东在 1952 年视察黄河时提出："南方水多，北方水少，如有可能，借点水来也是可以的。"

根据这个宏伟的设想，中科院和水电部的专家们经过多次实地考察和严谨分析，制定了"南水北调"的具体方案。但是，真正实施起来，可不是件简单的事情：这个工程一共三条线路，总长度达到 4350 千米，整个线路建设完成后，能同时调动 448 亿立方米的水资源！这么庞大的工程，投资超过 5000 亿元人民币，需要花费好几十年的时间！这是迄今为止世界上规模最大的水利工程，需要雄厚的国家实力和全国人民上下齐心、坚定不移的信念才有可能完成。

所以在实施之前，方案经过了几十年的反复推论和修改。在这期间，中国经历了种种考验，经济蓬勃发展，在国际上的影响力日渐强大。我们的祖国终于具备了足够的实力，找到了最佳的时机，开展这样伟大的工程：2002 年 12 月 27 日，“南水北调”工程正式开工。京杭大运河也被规划进“南水北调”的东线工程。

京杭大运河补水

在 2022 年 4 月到 5 月期间，“南水北调”工程引黄河水、本地水、再生水及雨洪水等水源，向京杭大运河黄河以北的 707 千米河段进行补水。一共向大运河输送了 8.4 亿立方米的补水量！ 4 月 28 日实现了大运河全线贯通，5 月底完成集中补水任务。截至目前，京杭大运河都保持着全线有水状态。

你是不是觉得很奇怪，咱们现在已经有了发达的高铁系统，有了四通八达的高速公路，为什么还需要这么费劲给大运河补水呢？原因是多方面的。

首先，京杭大运河的复航能缓解我国沿海城市海运体系和航路所承受的重大压力，也就是说，小型的轮船不需要再走海路，而是转道大运河，将更多的沿海航线让给大型轮船。这样，更多的货物可以通过沿海航道和大运河同时运输，有效提升中国沿海航运体系的运作效能。

其次，作为中华民族古老智慧的结晶，中国劳动人民建造的伟大工程——京杭大运河，与我们的万里长城一样有着重要的历史和人文意义，也是重要的世界遗产项目。

所以在通水之后，航运功能的恢复、河水生态环境的改善，让大运河成为兼具人文历史和自然风光的新景观。现在运河沿岸已经形成一系列风景线：北京通州的大运河森林公园，河北省沧州市区段的大运河湾公园，杭州市拱墅区京杭大运河上的石桥拱宸桥等。这些都成为当地居民休闲娱乐的热门地点。

最后，更重要的是，出于对可持续发展和环境保护的考虑，给大运河补水的同时，也补充了运河沿线过度开采的地下水。

在北方，特别是京津冀（北京、天津、河北）地区，人多水少。我们每天喝的水、洗菜做饭的用水、洗澡水等每天生活必需的水，还有工农业用水，已经大大超过水资源承载能力。这些用水中的很大一部分来自地下水。

长期大规模开采地下水会造成地下水严重超采，导致地下水位下降、河湖水面萎缩、地面沉降等生态环境问题。

利用京杭大运河贯通补水的宝贵契机，天津、河北等地区增加了大运河沿岸春灌期农业灌溉引水量。曾经超采地下水的农田，通过水源置换，地下水的水位回升。地下水的回补，不但保障了沿线居民的用水、饮水，同时也保护了我们每一个人生存所依赖的土地资源。

致少年

从京杭大运河补水这条新闻可以看出：当社会经济和科技文化发展到一定程度，人类不再只是狭隘地关注眼前的利益，而是更加长远地关注生存环境，以及人类文明的传承。

如果有机会，大家可以和家人一起去京杭大运河沿线的城市观光游览，亲身感受一下碧波荡漾、宽阔平缓的河面，更加深入地了解一下大运河对当地社会经济发展的影响，以及曾经在这条大运河上留下的历史故事。相信你们一定会对大运河产生更浓厚的兴趣。

THINKING

想一想

除了京杭大运河，中国历史上还修建了包括两沙运河、江汉运河在内的多条人工运河。查阅资料，结合地图看一看它们都在哪里？它们对当地的经济发展曾经起到了什么样的作用？

- 珠峰测量
- 巅峰使命
- 气象观测

THINKTING

挑战和使命

攀登珠峰
那么难，
为什么要不断
登顶？

攀登珠峰到底有多难？测量珠峰高度又有多不易？为什么我们一定要进行珠峰科考，而且还要在上面架设气象站？

读完这篇文章，相信你会对“地球之巅”珠穆朗玛峰有更多了解，也会对我们祖国这几十年来飞跃式的发展有更深刻的认知。

我们为什么要不断攀登珠峰

珠穆朗玛峰位于中国与尼泊尔的交界处，南坡在尼泊尔境内，北坡在中国境内。除了有世界第一的海拔高度，珠穆朗玛峰的自然环境极端严酷。

攀登者首先要经历极低气温下的严寒考验。即使在酷热 7 月里，珠穆朗玛峰上的气温也在零下 20 摄氏度左右。极高海拔还会造成人的缺氧反应。如果没有经历过特殊训练，光是在 8000 米海拔的高度上站立都会觉得呼吸困难，况且还要进行剧烈消耗体力的攀登。

此外，珠穆朗玛峰的北坡还极端陡峭险峻。其中，在海拔 8650 ~ 8700 米之间的岩石峭壁上，有一段近乎垂直的 6 ~ 8 米左右的峭壁，极难寻找攀爬支撑点，这就是“第二台阶”。对攀登者来说，这里难如天堑，但其也是珠峰北坡登顶的唯一选择。1975年，中国登山队第二次登顶珠峰时，在这里架设了一副近6米高的金属梯。从此以后，所有登顶的攀登者都是通过这副梯子爬上“第二台阶”的，这副梯子也被称为“中国梯”。

除了气温、峭壁，珠峰的气候也变幻莫测，一天之内可能经历暴雨、冰雪、云雾、狂风等各种极端恶劣天气。

攀登珠峰可以说是对人类极限的挑战，但正是因为人类冒险的天性和对自然的热爱，攀登珠穆朗玛峰成为无数探险家、登山家努力奋斗的目标。他们内心中燃烧着对挑战自我、突破极限的渴望。

而对于中国登山队来说，他们还承担了更多的使命。珠峰的顶峰在中国境内，因此中国人对珠峰的情感无疑更加强烈和深刻，中国人攀登珠峰也是一段值得铭记的历史。

从近代开始，人类发起了对珠峰的挑战，可中国从1840年以后长期处于内忧外患、民不聊生的境地，根本没有余力去考虑攀登珠峰的问题。在国外的冒险家开始尝试攀登时，珠峰对中国的登山者来说仍然是无法想象的目标。由于历史等原因，珠峰的主权问题曾经遭受了质疑，很多人都认为珠穆朗玛峰应该全部归属于南部的尼泊尔。因为只有从珠峰南侧，也就是尼泊尔境内，才能登顶，而位于我国境内的北侧，从未有过登顶记录。

1960年5月25日，为了证明中国人有实力从北侧登顶珠峰，中国国家登山队的3名队员在没有氧气装备的严酷环境中克服重重磨难，从珠峰的北侧登顶，这也是人类历史上第一次从北侧登顶珠峰。

在15年之后，即1975年5月27日，中国登山队的9名队员第二次成功从北侧登顶珠峰。这一次，

他们不仅留下了影像资料，还成功对珠峰进行了高程测量，第一次得出珠峰 8848.13 米的海拔高度。这也是我国珠峰科考第一次突破 8000 米海拔高度。

2005 年 5 月 22 日，我国登山队第三次登顶珠峰，对珠峰高程进行第二次测量。这一次因为有更加优越的技术设备支持，登山队员们在精确测量了峰顶的雪层厚度后，得出珠峰的岩面海拔高度为 8844.43

米。珠峰北坡的大本营中竖立着一座珠峰高程测量纪念碑，上面刻着的 8844.43 米就来源于这次测量。

而后，2020 年 5 月 27 日，距离第一次登顶整整 60 年后，珠峰高程测量登山队 8 名人员成功登顶珠峰，对珠峰进行第三次测量。我们通过北斗卫星进行了高精度定位测量，用国产重力仪进行重力测量，综合应用多方技术手段，最终测出珠峰的新高度为 8848.86 米。科学家们普遍认为，珠峰高度变化的最大原因是印度洋板块和亚欧板块碰撞造成，也就是地壳运动的结果。

延伸阅读

巅峰使命

珠穆朗玛峰海拔 8848.86 米，是喜马拉雅山脉的最高峰，也是地球上的最高点。冰雪皑皑又雄奇神秘，吸引着无数攀登者前赴后继，毕竟，征服地球最高峰是极限挑战，也是生命的壮举。

2022年5月4日中午，我国13名珠峰科考队员全部成功登顶，并在北坡海拔8830米处成功架设自动气象观测站。这是我国在珠峰上的第八个气象站，也是全世界海拔最高的自动气象观测站。科考队员们首次利用高精度雷达，测量峰顶冰雪厚度，气象站也成功传回实时数据。这是我国珠峰科考首次突破8000米以上海拔高度，在青藏高原科学考察研究史上具有划时代意义，也是中国科考的伟大创举！

全球海拔最高的自动气象站

2022 年 5 月，我国在珠峰北坡海拔 8830 米处架设了世界上海拔最高的气象观测站。此次气象站架设的位置之所以没有选择峰顶，是因为那里积雪过厚，土地不够坚实。而 8830 米这个高度，有更适合气象站架设和观测环境的山地。

你可能会问，既然珠峰人迹罕至，为什么我们还要在这里进行科考呢？

我们都知道，珠穆朗玛峰位于青藏高原，而青藏高原号称“世界屋脊”“亚洲水塔”“地球第三级”，对我国意义非凡。青藏高原既是生态安全屏障，也对全球气候变化有着重大影响。所以，对这一地区的科考，能揭秘在气候变暖趋势下，高海拔环境变化的特征、温室气体的浓度、人类对极端环境的

适应性等。

此次科考任务，除了架设气象站，还有雷达精准测量冰层厚度，对雪、冰采集分析等。科学家聚焦珠峰的环境变化，从大气、水、生态、地表等全方位进行考察，运用了大量先进技术，围绕各项重大科学问题展开研究，为我们认识珠峰地区大气环境和冰冻圈变化提供了宝贵数据，提出了珠峰保护的新方案。随着科学家对高原、高海拔地区有了进一步了解，我们可以更好地开展高原地区的天气预报、生态环境研究等工作，也能更好地保障高原人民的生活。

当然，全球的气候是一体的，每个地区的生态变化，都有可能对全球产生不同程度的影响。

海拔 8000 米这个高度的研究样本在此之前几乎没有，人们对于峰顶的研究还存在很多空白。这里的生态有什么变化？全球温室气体的排放对这里有什么影响？冰川的变化到底是什么样的？诸如此类问题，都等待我们实地研究。

研究，也是为了更好地保护。只有充分了解，我们才知道接下来要怎么做，才能够为人类的生存和发展作出更大贡献！

从 60 多年前，因为我国无人攀登珠峰而被质疑主权，到现如今，中国人在海拔8830米的高度，采用我国自主研发的技术，架设起了世界上海拔最高的自动气象观测站——了不起的中国人再一次创造了奇迹！随着国家实力和科研能力的增强，也为了更好地研究珠穆朗玛峰，我国陆续在海拔5200米、5400米、5800米、6500米、7028米、7790米、8300米处建起了自动气象观测站，形成了珠峰上一道无比宏伟的、跨越了3630米海拔的气象观测线。

这道气象观测线收集的数据，填补了珠峰极高气象记录空白，对于高原冰川的变化检测，有着重大意义，甚至能够对人类探索地球环境作出贡献。五星红旗高高飘扬在珠穆朗玛峰之巅，中国正在用方方面面的实力告诉世界：我们已经有足够的能力探索和建设自己的领土，已经能够用自己的科技为人类探索地球作出贡献！

致少年

在珠峰气象站架设之前，我国自主研发的超低温气象站已经在南极泰山站、昆仑站运行近 10 年。从南极冰盖到世界之巅，挑战更大，任务更艰巨。

科研永无止境，一代又一代科研人员坚守在枯燥、孤独的日常工作岗位上努力前行。这是一群胸怀祖国、献身科学的赤子，是百折不挠、勇于攀登的先行者。

在科考过程中，中科院、西藏气象局、青藏高原研究所以及各相关部门和人员，紧密团结，从技术支持到后勤保障，无不体现了中华民族团结一致、勇往直前的精神。

四次登顶，三次测高，珠穆朗玛峰见证了人类意志力的突破，也见证了我国科技的进步、国力的强大。唯愿各位小读者，内心也有勇于攀登巅峰的勇气，有为己、为民、为国而努力奋斗的决心！

THINKING

想一想

我国除了在珠穆朗玛峰上架设气象站，还修建了移动基站，让珠峰上有了网络；我国还在高寒之地修建了青藏铁路和全球平均海拔最高的风力发电厂……查一查我国在青藏高原都有哪些了不起的工程建设，想一想这些工程给当地带来了怎样的发展？

- 《巴黎协定》

- 全球气候危机

- 节能减排

THINKING

大国责任

中国为什么

要加入

《巴黎协定》？

自2016年4月签署《巴黎协定》以来，中国就全面开展了节能减排等一系列应对气候变化的措施。我们的目标是到2030年让二氧化碳的排放量达到峰值，随后降低，在之后的2060年达到碳中和，也就是日常的碳排放量和消耗量能够抵消，这样中国就能够实现二氧化碳的相对“零排放”。这是我们给自己设定的目标，也是对世界的承诺。

那么，《巴黎协定》是什么？为什么对于中国和世界如此重要？还有哪些国家签订了这个协议，它们又是怎么做的呢？

《巴黎协定》是什么

也许很多人并不知道《巴黎协定》，但大家一定听说过“全球变暖”这个话题。二氧化碳等温室气体的排放，因为人类活动而大大增加。随之产生的温室效应，则导致地球的温度不断上升，造成冰川和冻土消融、海平面上升、空气污染加剧等一系列严重的环境问题，影响人类的健康。如果全球变暖进一步加剧，南极和北极的大量冰川融化，海水就会淹没地势较低的沿海陆地，导致极端天气频繁发生，甚至会威胁到人类的生存。

说到这里，你一定意识到，全球变暖其实是全人类造成的，不是哪一个国家、哪一个地区应该单独承担的责任，也不是哪一个国家仅靠自己的力量能够解决的。所以，在 2015 年 12 月 12 日，联合国在巴黎举办了第 21 届气候变化大会，通过了《巴黎协定》。2016 年 4 月，包括中国、美国等在内的 178 个国家和地区，都签署了《巴黎协定》。每个国家都承诺会采取各种措施降低国内温室气体的排放，以达到协议的长期目标：控制全球平均气温的上升幅度。

这听起来真是个非常棒的解决办法！各个国家都负责管好自己的区域，那整个地球的问题不就得到解决了吗？

但减少排放绝对不是一件说干就干的事情。大部分温室气体来自工业生产、农牧业，以及人们的交通出行等。工业燃烧燃料会产生大量废气，牲畜排放的气体也含有大量甲烷，这些都是温室气体的来源。

所以，要节能减排，需要每一个国家的让步和牺牲。如果不减少排放、一直维持现状，未来的地球上人类就无法生存。

在巴黎气候大会上，包括中国、美国等一百多个国家同意签署《巴黎协定》的时候，全世界的人都盼望着这项协定能够帮人类摆脱全球变暖的威胁。可以说，这是一份与全人类未来生存环境息息相关的重要协定。

中国为节能减排做了哪些努力

《巴黎协定》约定，每个国家可以根据实际情况，自主提出节能减排的目标。于是，在 2015 年 6 月，中国正式向联合国提交了“国家自主决定贡献”

目标：

二氧化碳排放到 2030 年左右达到峰值并争取尽早达峰，单位国内生产总值二氧化碳排放比 2005 年下降 60%～65%，非化石能源占一次能源消费比重达到 20% 左右，森林蓄积量比 2005 年增加 45 亿立方米左右。

同时，我国还将应对气候变化的行动列入国家“十三五”发展规划中。

可见，中国已经把节能减排和“双碳”放到了相当重要的位置。而要达到这个目标，不仅仅是减少污染和排放，更不是降低生产力，而是要改革现有的生产技术，走生态优先、绿色低碳的路线。换句话说，就是大力发展新型清洁能源、发展科技，提升效率。

比如，现在的能源大部分来自石油，而石油在工业上的应用，就是最大的碳排放来源。如果能更好地利用太阳能、风能等清洁能源，甚至用它们取代石油，势必会大大降低污染和碳排放。可见对碳排放的控制能体现一个国家的科技实力，甚至能引领世界向新的方向发展。

所以近年来，我国大力推动对新能源的利用，不断提升技术，使得成本大大下降。比如风力发电，我

国现在每年新增装机容量将近占全世界的一半，而太阳能发电的成本几乎是10年前的1/10。也就是说，我们现在已经摆脱了欧美主导新能源市场的被动状态，基本实现了光伏发电全产业链的国产化，每年大量装机并网发电，一举奠定了全球第一的地位。

我国的风电、光伏发电设备制造还被出口到200多个国家和地区，也帮助全球大大降低了清洁能源的使用成本。

除此之外，为了应对如石油、煤炭等化石能源燃烧带来的环境污染，以及随之而来的气候变化问题，我国严格控制煤炭消费。现阶段，非化石能源的发电量占全社会发电量的1/3以上。我们的新能源汽车生产和销售规模也连续7年位居全球第一。在植树造林方面，我们也一直没有停下脚步。我们把塞罕坝、库布齐等边远荒漠变成了一个个绿洲。中国是全球森林资源增长最多和人工造林面积最大的国家！

我国做的远不止上述这些，比如，还建立了数百个自然保护区，面积超过我们国土的 1/10，这些区域被保护起来，禁止砍伐破坏。在科学养护和有力管理下，保护区生态系统越来越完备，绿色植被也会越来越多。

这些消息令人振奋，这些成就背后也有着很多的付出。所有的一切都不是轻而易举就能实现的，需要全社会变革式的发展，也是对我们的一次次挑战。

生活在北京的人可能会有更加直观的感受。前几年，北京的雾霾情况非常严重，空气里的飘浮颗粒物密度大，对人的呼吸系统有非常大的伤害。而这几年，北京的蓝天越来越多，原因就是整个社会都在努力保护环境。

原来烧煤的，现在改成用电、气；机动车出行的有效管理，减少了排放量；迁出部分环保不达标的企业甚至是产业——这些变化是我们每个人能够实实在在感受到的。

2020 年，中国碳排放强度比 2018 年下降了 18.8%，比 2005 年下降了 48.4%，超额完成中国向国际社会承诺的“到 2020 年下降 40% ~ 45%”的目标。同时，我们的经济增长并没有放缓，中国以年均 2.8% 的能源消费量增长，支撑了年均 5.7% 的经济增长。

最了不起的是，我们不仅自己做到了大力发展科技，做好节能减排，还帮助了很多国家，与众多国家分享经验和成果。另外，我国还和数十个发展中国家签订了应对气候变化合作文件，为100多个国家提供了相关技术人员。

这一切，都是为了地球更美好的未来所做的努力！

美国退出《巴黎协定》，中国会怎么做

就在《巴黎协定》通过五周年纪念日（2020年12月12日）的前一个月，美国政府正式退出了《巴黎协定》，成为目前唯一一个退出《巴黎协定》的签约国。

明明是一件事关全人类命运的事情，明明减少温室气体排放是一件有利于全人类的事情，美国为什么要退出呢？

美国给出的原因是“不公平”。时任美国总统特朗普声称，《巴黎协定》给美国人民“带来了不公平的经济负担”。为什么美国这么说呢？

这其实是因为各个签约国的实力不一致，其中有美国这样的高度发达国家，也有很多发展中国家。而发展中国家因为自身实力的限制，能够为这一协定作出的贡献肯定比不上发达国家。因此，在执行《巴黎协定》的时候，通常发达国家降低的温室气体排放数值更大，并且要向发展中国家提供资金、技术，帮助他们完成减排目标。

美国作为超级大国，在签署《巴黎协定》之后，自然要带头减少排放，向其他国家提供资金和技术，这是美国政府不愿意接受的。因此在签订协约的 4 年后，美国就宣布了退出。

对比中国，在自身节能减排的同时，还把经验和技术带给了更多国家的做法，美国政府给出的理由真的是正当的吗？

实际上，发达国家由于工业发达，排放的温室气体也多，即使是在减排之后，排放的总量也远远超过发展中国家。而且，如果真的要讨论到底是谁导致了全球变暖这一气候灾难，发达国家的责任也远远大于那些还在发展甚至是起步阶段的发展中国家。

所以，发达国家占有的资源更多，造成的污染问题更大，理应承担更多的责任。

在面对这样一个全球性的问题时，没有谁可以只保全自己。就像我们平时生活在一个班集体中，如果整个班级的氛围都很糟糕，即使你再优秀也不会感到快乐。因此，做好自己的事情，给予别人力所能及的帮助，是地球上每一个国家都应该做到的。

美国作为世界上现存唯一的超级大国，宣布退出《巴黎协定》，也会让其他部分国家持同样的理由，拒绝履行协定的要求，承担相应的责任。如果每个国家都这样，地球将会怎么样？

不过，在拜登就任美国总统以后，美国宣布重新加入应对气候变化的《巴黎协定》，我们也拭目以待美国在承担地球发展、提升人类生存质量的问题上，将做出什么样的选择。

而中国一定会在节能减排这条路上坚定地走下去。2020 年 9 月 22 日，习近平总书记在第七十五届联合国大会一般性辩论上发表讲话时提到，中国将提高国家自主贡献力度，采取更加有力的政策和措施，二氧化碳排放力争于 2030 年前达到峰值，努力争取 2060 年前实现碳中和。

致少年

美国和中国作为世界第一和第二大经济体，美国在 2020 年宣布退出《巴黎协定》，而仍属于发展中国家的中国却宣布将承担更多的责任。祖国用实际行动教导我们，什么是负责任大国担当的体现。

实现绿色低碳的过程虽然艰辛，但催生了各类新技术、新业态，为经济带来了巨大的发展机会，其实是一件一举多得的事情。

面对全球气候危机，没有人可以置身事外。节能减排是我们每个人的责任，在生活中减少浪费，出行时尽量选择公共交通或者清洁能源交通工具，等等，都是我们应该做到，也能够做到的。你会发现，这些看似遥远的国际大事，其实与我们每个人息息相关。

THINKING

想一想

在节能减排的路上，你做过哪些努力？你是否发现生活因此有所改变？想一想你的收获，再思考一下，如何才能做得更好？

- 从无到有
- 学习与创新
- 创造奇迹

THINKTING

学习与
创新并举

中国为什么
被称为世界
“高铁强国”？

在中国，有一条特殊的高铁。它在 2019 年 12 月 30 日开通运营，全长不过 174 千米，有 10 个车站。这是中国第一条采用自主研发的北斗卫星导航系统、设计时速高达 350 千米的智能化高铁，也是 2022 年北京冬奥会的重要交通保障。这就是始建于 2016 年的京张高铁——从北京北站到河北张家口，它是一条连接北京市区到河北张家口市的城际高速铁路。这条高铁路线的建成，只是我国 100 多年来铁路历史发展的缩影之一。

高铁，指的就是高速铁路，是我们如今最常用的出行方式之一。高铁行驶平稳、快速，内部宽敞，价格适中，还能欣赏沿途的风景。如果你留心观察，就会发现在高铁的车厢尽头有显示时速的电子屏。高铁正常行驶的时速是 250 ~ 350 千米，是速度仅次于飞机的交通工具。

截止到 2022 年，中国高铁里程超过 4 万千米，连续数年居世界第一，大大提升了民众的出行效率。中国也当之无愧被称为世界“高铁强国”。

但这条建设之路，我们走得异常艰难。从核心技术被卡到科技创新自主研发，从城市铺设到钻山跨海，我国完成了一项项不可能完成的艰巨任务，在全球的发展史上留下了浓墨重彩的篇章。

从无到有，中国高铁令世界震惊

1905年，中国首位铁路总工程师詹天佑主持修建了中国自主设计并建造的第一条铁路——京张铁路，震惊中外。在此之前，我们的铁路修建权甚至运输权，基本掌控在包括日本、德国等国手中。换句话说，铁路要怎么修、怎么走，我国都要听别国的！而京张铁路的出现第一次打破了这一局面！这也是中国人民在近代史上反对帝国主义霸权斗争的一次胜利。

1964年，日本建造了世界上第一条高速铁路线路，紧接着欧洲也有了高铁。1978年，中国前国家领导人邓小平访问日本，并乘坐了运营时速达到210千米的日本新干线，而当时中国铁路平均时速只有40千米。当新干线飞驰的画面出现在电视中时，巨大落差让中国铁路人心中暗暗发誓，一定要发展本国的高速铁路技术。

在高铁出现前的很长一段时间内，中国人印象中的火车就是拥挤到难以呼吸、“哐哧哐哧”缓慢行驶的“绿皮车”。因为经济水平和技术能力有限，中国直到2003年才完成第一条试验性的高铁线路——秦沈客运专线。

可是，铁路有了，高水平的列车还没有。于是，国内的列车制造公司加紧研发各类电气列车，其中最高成就当属“中华之星”号动车组，在实验阶段跑出了时速321千米，刷新了中国铁路的纪录。但遗憾的是，“中华之星”后来频繁出现故障，最终只被允许以时速160千米作为临时列车运营，而且很快就被停运淘汰。

眼看自主研发这条道路过于漫长，于是中国决定通过引进国外先进技术，实现中国铁路的“跨越式发展”，也就是在较短时间内走完发达国家的铁路发展历程，利用后发优势赶上国际先进水平。

2004年年初，中国铁道部门举行了一次140列动车组的国际竞标，如此大的订单对于任何一家高铁企业都有着极大的吸引力。当时的参加者包括著名的日本川崎、德国西门子、加拿大庞巴迪和法国阿尔斯通。为了真正学到国外的先进技术，铁道部要求这次投标的企业必须是国外合作方技术支持的中国制造企业，而且投标前国外厂商必须与中国国内机车车辆企业签订完善的技术转让合同。

就是在这一阶段，中国通过学习吸收国外技术，只用了5年就走完了发达国家30年的高铁研发之路，一举成为第四个系统掌握时速300千米高铁技术的国家。2007年，我们熟悉的“和谐号”动车组上线运营；2008年，时速350千米的京津城际高铁正式运营，成为我国第一条具有完全自主知识产权的高速铁路。中国就此正式进入高铁时代！

科技自主创新，突破技术壁垒

整个高铁系统的建设和使用是一项庞大的系统工程，从设计施工到车辆制造，从信号控制到维护管理等，每个环节缺一不可。再加上我国各种复杂的地质和气候条件，想要在高铁上完全独立自主并非易事。但是截至目前，中国铁路已经在这些方面有了属于自己的技术标准和设计，摸索出一套适应我国国情的高铁运营管理体系，建成了世界上最发达的高铁网。

比如，我们破解了高原地区隧道岩爆、高原峡谷区桥梁建造等技术难题，攻克了冻土、高寒缺氧、生态脆弱这三大世界性工程难题，建成了世界上第一条高寒高铁哈大高铁，可以在零下 40℃的气候条件下正常运行。

再比如，文章开头提到的京张高铁动车组搭载了许多最新的智能技术。它不仅首次采用我国自主研发的北斗卫星导航系统保驾护航，而且在世界上首次实现了时速 350 千米的有人值守自动驾驶商业运营，可以进行自动发车、运行、停车等一系列操作，更可以根据实际状况，和司机一样思考，随时调整行车操作。此外，列车的维护也用到了更多的智能设备，比

如传感器可以实时监测列车零部件的状态，并进行故障预警、检修建议，同时可以把这些数据和相关部门共享，在提升安全性的同时降低运营成本。

除了已经投入运营的列车外，还有更多先进的技术正在实验测试之中。

2021年，世界首条高温超导高速磁浮工程化样车和试验线在四川启用。这种被称为“超级高铁”的列车采用的是西南交通大学的原创技术，全车没有车轮，而是依靠磁力悬浮在轨道上。它的预期运行时速超过600千米，未来还有可能和真空管道技术相结合，创造出1000千米/小时的惊人速度。

2022年10月，世界首个“电磁驱动地面超高速试验设施——电磁橇”也在山东阶段性建成并成功运行。它可以把超过1吨的物体最高加速到1030千米的时速，从而为未来打造“超级高铁”提供测试手段和技术支撑。

当代高铁创造的奇迹

当代高铁已经改变了人们生活的方方面面。很难想象，如果没有如今高效且密集的铁路网络，我们的生活将会是怎样一番景象。

有了高铁之后，每年春节很多在外打工漂泊的游子只需坐上几小时的高铁，就能跨越上千米回到家乡，和家人过一个团圆年。

有了高铁，人们旅游更加便捷高效，以前要坐一天一夜才能到的地方，现在可能只需半天时间就能到达。这不仅让我们的出行体验更加舒适，更拉动了各地的旅游经济。举个例子，京津城际高铁开通的当年，去天津剧场看表演的人增长了 20% 以上，当地工艺品的销量增长超过 50%。还有一些以前由于交通不便没人去的地方，比如广西三江、云南普者黑，现

在也成了受欢迎的旅游胜地。

有了高铁，全国其他交通线路的运输能力也大大增加。比如，本来公路上很拥堵，但是有了高铁，大家都去乘坐高铁。当公路上开车的人少了，堵车的情况少了，公路上的货车自然跑得就更快了。所以，高铁让全社会的物流速度都提了上来，对普通百姓来说，网购的包裹就能更快收到。

有了高铁，人们不用全部涌向一线城市的中心区域，很多年轻人选择住在房价更便宜的周边城市，通过高铁上下班通勤，还有很多老年人也愿意搬到周边城市养老。这样一来，人们既可以用比较低的成本维持日常生活，又能在生病时快速对接到大城市的医疗资源。

致少年

回顾历史，中国铁路经历了从学习、追赶到领跑的巨大跨越。

在短短十几年内，飞速发展的高速铁路串起了节奏越来越快的中国。伴随着一大批高铁建成开通，中国高铁网正在从目前的“四纵四横”扩展到“八纵八横”，并继续深入惠及更多地方。

与此同时，中国高铁进一步走向世界，为更多国家的人民带来出行便利，为世界经济赋予更大的动能。从已经完工的安卡拉到伊斯坦布尔的伊安高铁，到正在稳步建设的印尼雅万高铁、泰国的中泰高铁……“坐着高铁看世界”也不再是人们不可实现的梦。

THINKING

想一想

在高铁建设的过程中，我们需要考虑的问题有哪些？你觉得高铁是越多越好吗？上网查一查现在的中国高铁地图，如果你是高铁设计总工程师，你会把下一条高铁建在哪里呢？为什么？